REJOIGNEZ NOTRE COMMUNAUTÉ DE LECTEURS !

Inscrivez-vous à notre newsletter et recevez chaque mois :
- des conseils inédits pour vous sentir bien ;
- des interviews et des vidéos exclusives ;
- des avant-premières, des bonus et des jeux !

Rendez-vous sur la page :
https://tinyurl.com/newsletterleduc

Découvrez aussi notre catalogue complet en ligne sur notre site : **www.editionsleduc.com**

Enfin, retrouvez toute notre actualité sur notre blog et sur les réseaux sociaux.

MISE EN GARDE

Les informations relatives à la santé et fournies dans cet ouvrage ne remplacent en aucun cas les conseils ou le traitement d'un médecin traitant. Elles vous aideront simplement à faire des choix éclairés.

Cet ouvrage est la réédition du titre *Simplifiez votre intérieur grâce au Feng shui*, paru en 2013 aux éditions Leduc.s

Maquette : Emilie Guillemin
Illustrations : Fotolia

Deuxième impression (février 2018)
29, boulevard Raspail
75007 Paris – France
ISBN : 979-10-285-0227-0
ISSN : 2427-7150

KAREN KINGSTON

L'ART DE VIVRE FENG SHUI

POCHE
LEDUC.S

Sommaire

Introduction

Après la parution de mon premier livre en 1996, *L'harmonie de la maison par le Feng Shui* (éd. J'ai lu), de nombreux lecteurs ont commencé à m'écrire pour me remercier d'avoir écrit cet ouvrage, tant il leur avait plu et qu'il avait été efficace pour eux. Un chapitre en particulier a souvent été cité dans le courrier de mes lecteurs, celui pour se débarrasser du superflu.

Il était donc naturel de consacrer un deuxième ouvrage à ce seul sujet. C'est le livre que vous tenez entre vos mains : *L'art de vivre Feng Shui*. Paru pour la première fois au Royaume-Uni en 1998, j'ai écrit une deuxième édition en 2008 puis une troisième en 2013, avec de nombreuses mises à jour et l'ajout notamment d'un nouveau chapitre. Traduit dans de nombreuses langues, cet ouvrage continue d'avoir un large succès et je vous en remercie.

Je vous souhaite de simplifier votre intérieur avec bonheur !

Karen Kingston

PARTIE 1

COMPRENDRE SON DÉSORDRE

Chapitre 1

Feng QUOI ?

J'ai rencontré un jour une femme qui s'est lancée dans un tour du monde, avec en poche à peine plus que le prix du billet pour sa première destination. Mais elle avait un don extraordinaire : elle lisait les lignes de la main. Où qu'elle aille, elle trouvait toujours le gîte et le couvert. Elle entrait dans un hôtel et proposait de lire dans les mains des clients contre l'hébergement, la nourriture et une petite somme. Lorsque je l'ai rencontrée, elle faisait cela depuis déjà trois ans, avait visité une douzaine de pays et profitait pleinement de la vie.

J'ai remarqué que le Feng Shui suscitait la même fascination chez les gens. Et une fois que les influences de leur maison, bonnes ou mauvaises, se sont révélées, ils sont généralement curieux d'en apprendre plus.

Le Feng Shui

Le Feng Shui est devenu incroyablement populaire ces dernières années. J'ai découvert ce travail sur les énergies des habitations, à la fin des années soixante-dix, et il s'est rapidement transformé en passion.

J'ai commencé à enseigner le Feng Shui en 1993. À l'époque, lorsque les gens me demandaient quel était mon métier, j'avais droit à un regard perplexe et à un « Feng QUOI ? ». Aujourd'hui ils hochent la tête sagement et la conversation se poursuit.

Le Feng Shui est l'art d'équilibrer et d'harmoniser le flux des énergies naturelles dans notre environnement, pour améliorer notre vie. Ces flux naturels d'énergie étaient bien connus et compris par les Anciens et ce savoir est toujours présent dans certaines cultures. À Bali par exemple, les gens vivent encore en harmonie totale avec deux mondes : le monde physique, visible, et le monde spirituel, non visible, des énergies. Des offrandes quotidiennes sur chaque autel domestique à travers tout le pays et une suite ininterrompue de belles cérémonies, événements religieux et sociaux très développés dans les vingt mille temples de l'île, assurent le maintien de l'équilibre et de l'harmonie. C'est ainsi que je conçois le Feng Shui : pas uniquement sous forme de principes appliqués à une habitation dans un objectif donné, mais un mode de vie général à un environnement. Malheureusement, le matérialisme imprègne de plus en plus l'île, au point de dénaturer la culture spirituelle, qui ne subsistera peut-être pas au-delà d'une ou deux générations. Heureusement, à l'heure où j'écris ces lignes, si vous vous rendez à Bali, vous pourrez expérimenter l'harmonie et l'esprit du sacré de ce pays.

Mon approche du Feng Shui

Mon approche du Feng Shui diffère de celle des autres praticiens, au sens où je travaille directement avec l'énergie de chaque espace. Pendant les vingt dernières années, j'ai développé et fait progresser ma capacité de voir, d'entendre et de sentir l'énergie. Ainsi, lors d'une consultation, je commence par me déplacer à l'intérieur de la maison, lisant l'énergie avec mes mains. L'historique des événements est enregistré dans les murs et les meubles sous forme d'empreintes électromagnétiques subtiles. En détectant et en interprétant celles-ci, je peux déchiffrer quasiment tout ce qui s'est passé d'important à l'intérieur de ces murs. Les événements traumatisants ou répétitifs sont imprégnés le plus profondément et ont donc un effet plus fort sur les habitants actuels du lieu. Je suis également capable de détecter les endroits où l'énergie de la maison est bloquée et d'y remédier.

Lorsque je tombe sur du désordre, j'ai l'impression de toucher d'invisibles toiles d'araignée. Le désordre obstrue le flux énergétique et sa sensation est désagréable, collante et sale. C'est ainsi que j'ai réalisé que le désordre provoquait des problèmes dans la vie des gens. Le désordre a aussi une odeur envahissante de moisi, que je peux sentir dès que j'entre dans une maison, même s'il n'est pas immédiatement visible. En fait, si je me mets sur la bonne fréquence, je peux même le sentir dans l'aura de quelqu'un (le champ énergétique autour du corps) si cette personne se tient près de moi. Les gens sont imprégnés de l'odeur de leur désordre. Mais ne vous inquiétez pas si vous me rencontrez un jour : il y a tellement de désordre dans le monde que je ne le recherche pas en permanence !

La bonne nouvelle, c'est que, lorsque l'on se débarrasse de son désordre, cette énergie stagnante et malsaine ainsi que l'odeur qui l'accompagne disparaissent très vite.

Le Feng Shui Ba-ga

Un des aspects les plus intéressants du Feng Shui, que je vais explorer dans ce livre, est la grille Ba-ga du Feng Shui (voir le chapitre 8 pour un diagramme simplifié et des explications supplémentaires). On peut s'en servir pour déterminer la correspondance entre un secteur de votre maison, ou de tout autre bâtiment que vous occupez, et un aspect de votre vie.

Par exemple, une zone de votre maison est en relation avec la prospérité. Beaucoup de gens qui ont lu quelque chose sur le Feng Shui ou ont suivi une conférence sur le sujet s'empressent de faire des changements chez eux sans réaliser qu'ils doivent tout d'abord trier et ranger leurs affaires. Ils accrochent un miroir dans le coin « prospérité » de leur maison pour attirer plus d'argent. Mais si ce coin n'est pas préalablement rangé, y ajouter un miroir risque de doubler leurs problèmes financiers plutôt que de les résoudre.

Ce livre est le premier à explorer ce seul aspect du Feng Shui : se débarrasser du désordre, qui est aussi la première étape du Feng Shui. Il constitue ainsi un préliminaire idéal pour les novices en Feng Shui, mais aussi un outil précieux pour ceux qui sont plus avancés.

L'information donnée ici concerne le plus souvent votre maison, mais vous pouvez bien sûr appliquer ces principes sur votre lieu de travail ou sur tout autre endroit que vous occupez.

Un espace purifié

La purification de l'espace (ou *space clearing* en anglais) est l'expression que j'ai trouvée il y a bien des années pour nommer cette branche spécifique du Feng Shui que j'ai été la première à développer et pour laquelle je suis devenue célèbre. Cet art de purifier et de revitaliser l'énergie dans des bâtiments est d'ailleurs le sujet de mon premier livre, *L'harmonie de la maison par le Feng Shui* (éd. J'ai lu).

Il est primordial d'avoir un bon flux d'énergie vitale dans votre maison ou sur votre lieu de travail pour que votre vie puisse fonctionner. Le Feng Shui enseigne beaucoup de méthodes pour améliorer ce flux d'énergie et la purification de l'espace en est une des plus fortes. Il s'agit d'une cérémonie en 21 étapes, simple mais efficace, destinée à purifier les énergies statiques qui se sont accumulées avec le temps dans les maisons et qui vous donnent la sensation que votre vie stagne. Les résultats sont impressionnants, et beaucoup de gens décident d'incorporer cette méthode dans leur programme d'entretien d'immeuble, afin que l'espace soit énergétiquement, tout autant que physiquement, propre. Tous les lieux sans exception auraient intérêt à recourir à une purification de l'espace régulière, et le Feng Shui fonctionne toujours mieux et plus rapidement en conjonction avec une purification de l'espace.

Voici les trois causes principales d'énergie stagnante traitées par la purification de l'espace :

1. la saleté ;
2. l'énergie des prédécesseurs ;
3. le désordre.

La saleté physique

Par saleté physique, j'entends toutes sortes de saletés, poussière, crasse, graisses, pourriture et toutes autres choses peu ragoûtantes du même style. Autour de ces saletés s'accumule toujours de l'énergie de niveau inférieur, d'ou le vieux proverbe anglais : *Cleanliness is next to Godliness* (« Être propre, c'est se rapprocher de Dieu »). Une des parties essentielles de la purification de l'espace consiste en un bon nettoyage.

L'énergie des prédécesseurs

Tout ce qui se passe dans une maison est enregistré dans les murs, les sols, les meubles, les objets et l'espace. Cela forme des couches, exactement comme la saleté – sauf que nous ne pouvons pas le voir –, et cette énergie nous affecte profondément. Par exemple, si vous emménagez dans une maison dont les habitants précédents étaient mariés et heureux, il est probable que vous y trouverez aussi le bonheur conjugal. Si, par contre, vos prédécesseurs ont été malheureux, divorcés, malades, ont fait faillite, ont grossi ou ont subi tout un tas d'autres malheurs, ces énergies subsistent dans la maison et font généralement que l'histoire se répète. Les résidus de ces ondes énergétiques qui stagnent là doivent être purifiés.

Le désordre

Tout désordre crée un obstacle à la circulation fluide et harmonieuse de l'énergie dans un espace. Par ricochet, cela crée stagnation et/ou confusion dans la vie des habitants.

La cérémonie de purification de l'espace pour libérer un lieu de l'énergie de ses prédécesseurs peut être facilement accomplie en quelques heures. L'aspect rangement et nettoyage peut pour certains durer bien plus longtemps. En fait, les lecteurs de mon premier livre m'ont souvent confié qu'ils avançaient rapidement dans les premiers chapitres, mais que leur marque-page pouvait rester six mois ou plus au chapitre du désordre, le temps qu'ils aient accompli ce travail !

Voici quelques-uns des témoignages que je reçois :

> *« J'ai maintenant éliminé la plupart de mon bazar et je me sens prête à réaliser la cérémonie de purification de l'espace. Je sens que dans les six derniers mois j'ai mis de l'ordre non seulement dans chaque placard de ma maison, mais également dans chaque partie de ma vie. Je me sens déjà plus heureuse et en meilleure santé que depuis des années. »*

> *« J'ai lu le chapitre sur le désordre dans votre livre et, à présent, j'en suis à mon quatorzième sac-poubelle et je suis loin d'avoir fini. Mon mari est abasourdi car il me harcèle depuis des années pour que je le fasse. »*

> *« Je pensais qu'un petit tour allait suffire, mais mon grand rangement a duré deux à trois semaines alors que je vis dans un studio ! Comment ai-je pu laisser les choses en arriver là ? »*

> *« Votre livre m'a motivé pour vider mon débarras et faire une vente dans une brocante. J'ai gagné 450 euros. Ceci m'a tellement inspiré que j'ai vidé mon garage et gagné plus de 900 euros. Avec l'argent je suis parti en vacances pour la première*

fois depuis des années et je vous envoie cette carte pour vous dire merci. »

Le prochain chapitre vous expliquera plus en détail pourquoi tout ce joli bric-à-brac est plus un obstacle qu'une aide dans votre vie.

Chapitre 2

Les inconvénients du désordre

Lors de mes consultations de Feng Shui, de purification de l'espace et d'élimination du désordre, à travers le monde, j'ai eu l'occasion de visiter beaucoup de maisons et de mettre mon nez dans des endroits que l'on ne montre pas d'habitude. Ce privilège m'a permis, au cours de ces années, d'identifier de manière sûre les problèmes dus au désordre.

Le désordre et le Feng Shui

Il est important de réaliser à quel point l'élimination du désordre est indissociable de toute pratique de Feng Shui. La plupart des livres sur ce sujet n'en parlent pas ou le survolent. Peut-être partent-ils du principe que leurs lecteurs ont déjà traité ce problème ? C'est pourtant rarement le cas.

Évacuer son désordre et le Feng Shui ne sont pas deux processus distincts. Mon expérience m'a montré que dégager son espace est l'un des outils les plus puissants du Feng Shui, régénérant et, dans la plupart des cas, indispensable pour que les traitements et améliorations du Feng Shui aient de l'effet.

Si vous pratiquez le Feng Shui depuis des années sans savoir cela, vous serez enchanté(e) par l'amplification d'énergie qu'entraîne le dégagement des espaces. Et si vous débutez dans le Feng Shui, vous aurez l'agréable surprise de constater que les premiers pas, les plus importants dans cet art, sont tout à fait à votre portée.

Le désordre : de l'énergie bloquée

Le mot anglais pour désordre, *clutter*, vient du vieil anglais *clotter* qui signifie coaguler – soit l'état le plus bloqué que l'on puisse trouver !

Le désordre s'accumule où l'énergie stagne, et inversement, l'énergie stagne là où le désordre s'accumule. De simple symptôme, le désordre devient ensuite une partie du problème, car plus vous l'accumulez, plus il attire d'énergie stagnante.

Vous savez comment cela se passe. Vous marchez dans la rue et vous voyez quelqu'un jeter par terre un paquet de cigarettes vide. Le lendemain, lorsque vous passez au même endroit, le paquet se trouve en compagnie de quelques déchets supplémentaires. Et ce sera bientôt une véritable déchetterie. Le désordre s'accumule de la même manière dans votre maison. Lentement, insidieusement, il grandit et, avec lui, grandit l'énergie stagnante, qui, elle, a un effet bloquant sur votre vie.

Si vous voulez remettre votre vie en marche, vous ressentirez instinctivement le besoin de vider le désordre de votre maison pour repartir à zéro. Une façon d'attaquer ce désordre est d'effectuer des stages et de suivre des cours de développement personnel afin de s'améliorer soi-même. Au bout d'un moment, vous ne pourrez plus supporter votre désordre. Il y a beaucoup de livres sur ce thème ou de stages que vous pourrez suivre (et je vous les recommande), mais ces méthodes peuvent se révéler très longues avant que vous soyez suffisamment inspiré(e) pour ranger de fond en comble votre habitation.

J'enseigne dans ce livre une nouvelle approche – éclaircir votre vie en triant votre bazar, afin de renouveler l'énergie de votre force vitale. Une méthode pratique et tangible que vous pouvez activement utiliser.

L'énergie stagnante est très « collante »

Voilà pourquoi il est si facile de laisser son désordre tel qu'il est. Il faut que vous ayez de très bonnes raisons pour vous stimuler suffisamment et enfin agir.

Chapitre 3

De l'importance de se débarrasser de son désordre

Chaque aspect de votre vie est énergétiquement ancré dans votre espace de vie. L'élimination du superflu peut donc complètement transformer votre existence.

Nettoyez votre vie

Dans les années quatre-vingt, à Londres, j'étais une des meilleures praticiennes du *rebirthing*, la « renaissance », une méthode de libération des blocages intérieurs par la respiration. J'ai toujours été très forte pour motiver les gens à s'aider eux-mêmes et je commençais alors par donner à certains de mes clients qui étaient particulièrement coincés dans leur vie des « devoirs » en leur faisant éliminer leur fouillis. Et bien sûr, pendant qu'ils rangeaient leurs affaires, ils faisaient des avancées substantielles sur eux-mêmes. Aux plus têtus, je disais que la prochaine séance de renaissance aurait lieu chez eux et non pas chez moi. Je pense que c'est la honte qu'ils ressentaient en comparant leur maison à la mienne qui les faisait bouger.

Je me souviens en particulier d'une femme que j'ai longtemps suivie et qui avait une dépendance à l'héroïne. Après quelques rechutes de sa part, je réalisai que je devais me montrer plus ferme. Je refusai donc de travailler avec elle jusqu'à ce qu'on fasse une séance dans sa maison. Elle montra sa volonté à arrêter la drogue en préparant son appartement pour une séance de renaissance. Ce fut très dur pour elle. Son amour-propre était tombé si bas au cours des dernières années qu'elle vivait dans un taudis sordide. Mais elle y mit beaucoup de volonté et m'invita triomphalement dans son appartement quelques semaines plus tard. Il était évident qu'elle y avait travaillé et il était remarquable à quel point elle avait changé lors de ces quelques semaines. Les séances de thérapie suivantes marquèrent des avancées importantes pour elle.

Plusieurs années plus tard, je l'ai croisée dans la rue et ne l'ai pas reconnue. Elle s'était transformée en une femme radieuse, croquant la vie à pleines dents et menant avec succès la carrière dont elle avait toujours rêvé. Pour elle, le changement avait débuté lors de ces séances et elle m'a dit qu'elle n'avait plus jamais touché d'héroïne ni regardé en arrière depuis. En dégageant son désordre, elle avait nettoyé sa vie.

Vous et votre maison

Évacuer du bazar est vraiment efficace car, lorsque l'on crée de l'ordre à l'extérieur, les changements correspondants à l'intérieur se déclenchent immédiatement. Tout autour de vous – votre maison particulièrement – reflète celui ou celle que vous êtes intérieurement. Ainsi, en changeant votre maison vous changez aussi les possibilités de votre propre vie. En retirant les obstacles à la libre circulation de l'énergie dans l'environnement où vous vivez, vous créez plus d'harmonie dans votre vie et ouvrez l'espace à de merveilleuses opportunités.

Lancez-vous !

L'une des participantes à mes cours fut tellement inspirée que, juste après une séance, elle téléphona à une association caritative en leur disant : « Venez avec un camion. » Elle se débarrassa de tous ses vêtements sauf cinq, de sa vieille chaîne hi-fi et d'un tas de bazar. En faisant cela, elle libéra d'énormes quantités d'énergie qui étaient figées, ce qui dégagea l'espace pour que quelque chose de nouveau puisse se manifester. Une semaine après elle recevait un chèque de 7 500 euros de sa mère et alla tout de suite s'acheter une nouvelle chaîne, de magnifiques vêtements et tout ce qui lui faisait plaisir.

Elle m'a dit que ce chèque était totalement inattendu et que la dernière fois que sa mère lui avait donné de l'argent remontait à dix ans ! Je ne recommande pas à mes lecteurs de prendre des décisions aussi radicales, mais pour elle cela a fonctionné !

Voici une lettre encourageante d'une femme nommée Susan Byron, qui habite en Irlande. Après la lecture de mon livre, elle s'est livrée à un nettoyage à grande échelle :

« Je vous ai entendue parler à la radio ce matin et je devais vous écrire pour vous dire que demain nous allons déménager et tout ce que je vais prendre, en dehors de mon mari, mes enfants, les animaux et mes plantes favorites, sera votre livre, des bougies, de l'encens et ma cloche.

Tant de choses fantastiques sont arrivées en trois mois, lorsque j'ai lu votre livre et fait une purification dans notre maison. J'ai tout noté dans un journal et, en deux semaines, j'y avais noté plus d'une centaine d'événements heureux. En bref, nous avons depuis fini de rénover notre maison, l'avons vendue et avons pu réaliser notre rêve, vivre sur la côte ouest en achetant un très beau terrain près de l'Atlantique. Beaucoup d'obstacles ont été levés sans trop d'efforts et des problèmes récurrents ont disparu. »

C'est ce genre de courrier, qui arrive tous les jours dans ma boîte mail qui m'a incitée à écrire ce livre.

Chapitre 4

Qu'est-ce que le désordre exactement ?

Le dictionnaire définit le désordre comme une collection de choses mal ou pas rangées. Oui, c'est cela en partie, mais ce n'est que la description du désordre sur le plan purement physique.

Selon ma définition, il existe quatre catégories de désordre :

1. les choses que vous n'aimez pas ou n'utilisez pas ;
2. les choses mal rangées ou mal organisées ;
3. trop d'affaires dans trop peu d'espace ;
4. tout ce qui n'est pas terminé.

Regardons chaque catégorie de plus près afin qu'à la lecture de ce livre vous sachiez sur quoi vous concentrer.

Les choses que vous n'aimez pas ou n'utilisez pas

Les objets que vous aimez, utilisez et appréciez sont entourés d'énergies puissantes, vivantes et joyeuses, ce qui autorise l'énergie à circuler librement autour d'eux et à les traverser. Si vous avez un but clair dans la vie et que vous vous entourez de choses qui ont cette magnifique et libre énergie, alors votre vie sera à cette image, heureuse, joyeuse et libre.

En revanche tout ce qui est négligé, non désiré, non aimé ou non utilisé fera ralentir et stagner l'énergie dans votre maison et vous sentirez alors que votre vie n'avance pas.

Vous êtes connecté(e) à tout ce que vous possédez par de fins fils énergétiques. Si votre maison est remplie de choses que vous aimez ou dont vous faites bon usage, cela devient une source incroyable de soutien, qui vous nourrit. Le désordre, par contre, tire votre énergie vers le bas, et plus vous le gardez, plus il va vous affecter. Si vous vous débarrassez de tout ce qui n'a pas de vrai sens pour vous, vous vous sentirez littéralement allégé(e), de corps et d'esprit.

Les choses qui sont mal rangées ou mal organisées

Cette partie est pour les personnes totalement désorganisées. Même si vous avez réduit toutes vos affaires aux objets que vous aimez et utilisez, il reste du désordre si ceux-ci sont éparpillés partout et s'il est difficile de les trouver. Probablement, comme la plupart des gens désorganisés, vous prétendrez qu'il y a un ordre dans votre chaos, que vous devez garder certaines choses bien visibles pour vous rappeler ce que vous avez à faire d'important. Mais si quelqu'un vous demande où se trouve telle ou telle chose, il est rare que vous sachiez lui indiquer l'endroit exact.

Notre vie fonctionne mieux lorsque nous savons où sont nos affaires. Pensez à votre lit, par exemple. La connexion énergétique entre vous et votre lit est directe et claire. À moins d'être un nomade, vous savez exactement où il se trouve et vous pouvez vous y connecter mentalement en quelques microsecondes. Maintenant, pensez à vos clefs. Savez-vous exactement où elles sont ou devez-vous partir à la chasse ? Et cette lettre à laquelle vous devez répondre ? Où est-elle ? Lorsque vos objets sont mélangés et embrouillés, les liens entre vous et eux ressemblent plutôt à des spaghettis emmêlés. Cela crée un stress et de la confusion dans votre vie plutôt que la paix et la clarté provenant de la connaissance de l'emplacement de chaque objet.

Le désordre dans cette catégorie est composé d'éléments qui n'ont pas d'endroit à eux, ou en ont un, mais finissent ailleurs, mélangés à d'autres choses. Beaucoup de ces choses semblent être apparues dans votre vie sans que vous ayez consciemment décidé de les acquérir. Cela inclut le courrier, qui arrive sans cesse dans votre boîte aux lettres puis vous submerge en s'éparpillant dans les recoins les plus obscurs de votre maison, ainsi que d'autres bouts de papier, venant de nulle part, s'empilant et décourageant toute tentative de tri. Puis il y a tous ces achats impulsifs. Vous en rapportez à la maison en vous disant : « Je le mets ici en attendant », et puis il y reste. Parfois il peut y demeurer pendant des mois, des années, voire des décennies, ne jamais être vraiment à sa place et vous tiraillant vaguement tout le temps.

Bon, je ne suis pas non plus pour une propreté exagérée. Une maison qui est trop bien rangée, qui est trop « comme il faut », est stérile sur le plan énergétique et peut être aussi problématique qu'une maison qui est en bazar complet. Mais votre maison est l'expression extérieure de ce qui se passe en vous intérieurement. S'il y a désordre sur le plan extérieur, il y a un désordre correspondant sur le plan intérieur. En triant l'extérieur, l'intérieur commence à se remettre en place.

Trop d'affaires dans trop peu d'espace

Parfois le problème est tout simplement un problème d'espace. Votre vie ou votre famille s'est élargie mais votre maison est restée la même ou bien n'a peut-être jamais été suffisamment spacieuse. Vous pouvez devenir créatif avec des rangements supplémentaires, mais plus vous obstruez votre espace de vie, moins il y a de place pour que l'énergie circule.

Avec du désordre de la catégorie « trop-pour-cet-espace », votre maison ne peut plus respirer, votre propre respiration va devenir plus tendue et plus superficielle (quand est-ce que vous avez pour la dernière fois profondément inspiré et rempli vos poumons ?) et vous vous sentirez contraint(e) quant à vos possibilités dans la vie.

La seule solution consiste, soit à déménager pour un endroit plus grand, soit à faire sortir des affaires. Dans un sens ou dans l'autre, vous serez émerveillé(e) tellement vous vous sentirez bien ensuite.

Toutes les choses inachevées

Cette forme de désordre est plus difficile à détecter et plus facile à ignorer que les autres, mais ses effets sont énormes. Tout ce qui n'est pas terminé, que ce soit physique, mental, émotionnel ou spirituel, est du désordre pour votre équilibre psychologique.

Ce que vous n'avez pas traité dans votre maison reflète ce que vous n'avez pas traité dans votre vie et pompe constamment votre énergie. Il y a des réparations anciennes – recoller le tiroir cassé, réparer l'interrupteur défectueux, le robinet qui fuit – ou des travaux plus importants comme redécorer la maison, entretenir le chauffage ou apprivoiser cette jungle qu'est devenu votre jardin. Plus la proportion est importante, plus cela vous empêche d'avancer dans la vie.

Si vous ne vous occupez pas des boutons qu'il faut coudre, des coups de téléphone que vous devez passer, et de bien d'autres choses non terminées dans votre vie, vous n'évoluerez pas. Votre inconscient va gentiment supprimer toutes ces choses pour vous, si vous le lui demandez, mais il faudra dépenser beaucoup d'énergie pour cela. Vous serez ravi(e) de voir votre niveau d'énergie décoller lorsque vous aurez terminé tout ce que vous avez commencé ou que vous devez faire.

Le prochain chapitre explore comment tous ces types de désordre vous affectent concrètement dans votre vie, sous des formes que vous n'avez peut-être jamais imaginées.

Chapitre 5

Les effets négatifs du désordre

La plupart des gens ne s'imaginent pas à quel point leur désordre les affecte. Vous pensez peut-être objectivement que le vôtre constitue une richesse, ou tout au moins une richesse potentielle, une fois trié et organisé. Ce n'est que lorsque vous commencez à vous en débarrasser que vous réalisez à quel point vous vous sentez mieux sans.

Le désordre vous affecte selon vos prédispositions personnelles, selon le nombre d'affaires que vous avez, à quel endroit de votre maison vous les conservez et depuis combien de temps.

Voici les effets principaux auxquels il faut faire attention :

De la fatigue

La plupart des gens qui accumulent du désordre disent qu'ils ne trouvent pas l'énergie pour commencer à s'en sortir. Ils se sentent constamment fatigués. Mais c'est l'énergie stagnante accumulée autour du désordre qui est la véritable cause de cette fatigue et de cette léthargie. En le débarrassant, on libère de l'énergie dans la maison et on s'offre une nouvelle vitalité. Voici ce que me racontent les gens :

> *« Je lisais votre livre jusque tard dans la nuit et étais tellement survolté que je n'arrivais pas à dormir. À la fin je me suis levé et ai commencé à dégager des vieilleries inutiles jusqu'à 4 heures du matin ! J'ai travaillé le lendemain mais ne me sentais absolument pas fatigué ! »*

> *« Au début j'étais découragé simplement par la masse de vêtements et autres objets non utilisés depuis des années, mais je savais que je devais faire le tri et me débarrasser de la plupart de ces choses. Ce qui m'étonne c'est qu'après chaque tiroir je me sens de mieux en mieux. »*

> *« Mon mari et moi venons de lire* Simplifiez votre intérieur grâce au Feng Shui. *J'avais essayé durant des années de l'encourager à nettoyer le superflu dans notre maison, mais sans réel succès... jusqu'à votre livre. J'ai commencé par lui lire à voix haute un paragraphe ou deux, et il a fini par vouloir le lire de lui-même. Depuis, notre intérieur est dans un bien meilleur état et mon mari aussi, il a beaucoup plus d'énergie qu'avant ! »*

Un blocage dans le passé

Quand tout l'espace disponible est rempli avec du désordre, il n'y a plus d'espace pour que quelque chose de nouveau puisse arriver dans votre vie. Vos pensées ont tendance à rester dans le passé et vous vous sentez abattu(e) par des problèmes qui se sont acharnés sur vous depuis longtemps. Vous regardez en arrière plutôt qu'en avant, vous reprochez au passé d'être la cause de votre situation actuelle plutôt que d'en prendre la responsabilité et de vous créer des lendemains meilleurs. Évacuer son désordre permet d'affronter ses problèmes et d'évoluer. Afin de vous créer un meilleur avenir, vous devez tout d'abord lâcher le passé.

Un blocage du corps

Lorsque vous êtes entouré de quantité d'objets sans intérêt, l'énergie de votre maison est bloquée, et votre corps aussi. Les gens très désordonnés ne bougent en général pas assez, sont souvent « constipés », assoupis, ont un teint cireux et pas de vivacité dans le regard. Les personnes avec peu de désordre dans leur vie sont généralement plus actives, ont un teint radieux, clair et une étincelle dans le regard. À vous de choisir.

Des problèmes de poids

J'ai pu observer depuis des années un fait curieux : les gens qui ont beaucoup de désordre dans leur maison ont aussi souvent des problèmes de poids. Je pense que la graisse corporelle et le désordre sont des manières de se protéger. En cumulant des couches de graisse ou de désordre autour de vous, vous espérez vous protéger contre les coups durs de la vie et en particulier contre des émotions difficiles à gérer. Cela vous donne l'illusion d'être capable de contrôler les choses et de les empêcher de vous affecter trop profondément. Mais c'est une illusion. Oprah Winfrey, la célèbre animatrice de télévision américaine qui a perdu des dizaines de kilos, dit : « Ce que j'ai appris, dans ma lutte avec mon poids, c'est que l'on ne peut pas vraiment commencer à travailler sur le plan physique tant qu'on ne commence pas par ce qui nous bloque sur le plan émotionnel. Si nous n'avançons pas dans notre vie, c'est que nos peurs nous retiennent, que cela nous empêche de devenir ce que nous sommes supposés être. »

Il est prouvé que les gens trop gros ont beaucoup d'angoisses enfouies en eux, qu'ils doivent tout d'abord surmonter avant de se débarrasser de leur désordre. Cela dit, beaucoup d'entre eux m'écrivent pour me dire à quel point il est bienfaisant de s'y mettre enfin, comment le fait d'évacuer leur bazar leur permet, comme par magie, d'évacuer leur graisse. Ils me disent aussi que c'est vraiment plus simple de faire faire un régime à leur maison plutôt qu'à leur propre corps et que, lorsqu'ils commencent à s'occuper de leur environnement, le réflexe de s'occuper de soi s'installe naturellement. « Quand on a désencombré sa maison, cela ne rime à rien de continuer à encombrer son corps avec la malbouffe », m'a dit un jour une femme qui suivait mes cours.

De la confusion

Quand vous vivez entouré de désordre, il vous est impossible d'être lucide sur ce que vous faites dans votre vie. Si vous l'évacuez, vous serez moins souvent enrhumé(e), vos pensées seront plus claires et les décisions de votre vie plus faciles. Être libéré de votre bric-à-brac est une des aides les plus précieuses que je connaisse pour découvrir et concrétiser la vie que vous désirez.

Des critiques ou des regards désobligeants

Les gens vous traitent de la même manière que vous vous traitez. Si vous vous tenez en estime et vous occupez de vous, les gens vous traiteront bien. Si vous vous laissez aller et permettez au bazar de s'empiler tout autour de vous, vous pourriez vous attirer des critiques ou des regards désobligeants qu'inconsciemment vous pensez mériter.

Si votre maison est pleine de désordre, il se peut que vos amis aient du mal à réellement vous respecter, surtout si vous êtes toujours en retard, que vous ne tenez pas vos promesses parce que vous êtes mal organisé(e), etc. En faisant le tri dans votre maison, vous pourrez améliorer vos relations avec les autres.

La procrastination

Si vous avez beaucoup de désordre, vous aurez une tendance à remettre les choses au lendemain. Le désordre fait stagner votre énergie et il devient difficile de se bouger. Après avoir évacué le superflu, vous allez vous surprendre (vous et tous les autres !) à vouloir accomplir ce que vous vouliez faire depuis très longtemps. Les gens se sentent soudainement motivés pour créer un jardin, étudier, partir en voyage et toute autre activité. Les lettres que je reçois, concernant uniquement cet aspect de libération du bazar, sont carrément époustouflantes :

« Mon mari est décédé depuis cinq ans et je n'avais toujours pas osé trier ses affaires. Votre livre m'a enfin donné le courage d'emporter le tout chez Emmaüs et ça a été alors comme une brise d'air frais dans ma vie. Je sais que c'est difficile à croire, vu mon âge (j'ai 71 ans), mais je me suis inscrite à l'université pour tout apprendre sur les ordinateurs et je serai peut-être bientôt la première cyber-mamie du monde ! »

« Alors que je rangeais mon grenier, je suis tombé sur des lettres de quelques amis très chers, qui avaient déménagé. J'étais en larmes car je réalisais combien ils me manquaient et combien je regrettais d'avoir perdu le contact. Bref, j'ai fait briller le grenier et pris un avion pour les revoir. Être à nouveau réunis fut merveilleux. Je pense à présent sérieusement à déménager près d'eux. »

« Le rangement semble s'imprimer dans chaque cellule. Je ne me contente plus de faire le tri dans chaque tiroir de ma maison. Maintenant je me lève chaque matin à l'aube pour mettre le jardin en ordre. Où cela s'arrêtera-t-il ? »

Des disputes

Le désordre est une des causes majeures de disputes dans les familles, entre colocataires, partenaires ou collègues de travail. Si vous vivez et travaillez noyé(e) dans le fouillis, mais pas votre entourage, leur manière de vivre ne freinera pas votre propre progrès, mais votre manière de vivre à vous peut certainement gêner le leur.

Toutes ces personnes vous ont attiré(e) dans leur vie pour une raison et elles font partie de la vôtre pour une raison également. Mais le désordre est une raison inférieure. Dégagez-le et vous serez capable d'atteindre la raison supérieure pour laquelle vous êtes ensemble, ce qui est beaucoup plus intéressant que de se disputer à cause de vos objets qui traînent !

De la honte

Peut-être en êtes-vous au point où votre maison est tellement en désordre que vous avez honte d'inviter vos amis et paniquez même à l'idée qu'on vous rende visite à l'improviste. Vous pouvez continuer à vivre tout(e) seul(e) avec votre bazar, mais ne préféreriez-vous pas faire un bon nettoyage, regagner votre amour-propre et, confiant(e), restaurer votre vie sociale ?

L'absence de nouveaux projets

J'ai rencontré un jour un couple charmant d'un certain âge. Ils vivaient dans une belle maison de quinze pièces. Les enfants étaient adultes, avaient quitté la maison et leur mariage était heureux et plein d'amour. Les salons et les chambres de leurs enfants étaient rangés et bien entretenus, mais avec le temps leur propre chambre ainsi que trois autres pièces avaient totalement disparu, noyées sous une vague de désordre. Une des pièces ressemblait à une brocante, pleine de bibelots et de bric-à-brac en tout genre, dans une autre pièce s'entassaient sur plus d'un mètre des vêtements et la troisième pièce contenait, en plus de leur propre bazar, des affaires héritées d'une tante défunte, qu'il « fallait trier ». À ma question, ils admettaient qu'ils auraient adoré voyager et profiter de leurs dernières années ensemble, mais ces pièces les tiraillaient tout le temps. Dès qu'ils parlaient de vacances, ils se disaient chaque fois qu'ils devaient tout d'abord ranger leur maison. En fait, la honte de leur désordre les avait gardés à la maison pendant des années !

Ne laissez pas votre vie vous échapper ! Écrivez dès à présent une liste de toutes les choses que vous aimeriez faire si seulement votre désordre était trié, et prenez cela comme motivation pour vous y mettre.

Une déprime

L'énergie stagnante autour du désordre tire votre énergie vers le bas et vous vous sentez déprimé(e). En fait, je n'ai jamais rencontré de personne dépressive qui ne s'entoure pas de désordre. Le sentiment de désespoir est aggravé par le désordre, mais peut être allégé, à un certain point, si vous l'évacuez. Vous créez ainsi de l'espace pour que quelque chose de nouveau puisse survenir dans votre vie.

Si vous êtes tellement dépressif(ve) qu'un tri n'est même pas envisageable, soulevez au moins vos objets du sol (les gens déprimés ont tendance à garder leur désordre dans une position basse), ce qui va élever votre énergie et votre courage. Ce serait également une bonne idée de savoir s'il n'y a pas de lignes à haute tension sous ou à proximité de votre maison. Le désordre s'accumule souvent dans des endroits géobiologiquement problématiques et il se peut que ce soit là une cause de votre dépression. Référez-vous au chapitre sur le stress géopathique de mon premier livre, *L'Harmonie de la maison par le Feng Shui.*

Un excédent de bagages

Si vous avez beaucoup de désordre dans votre maison, vous en apporterez sûrement beaucoup avec vous en voyageant. Les victimes du désordre doivent souvent payer des frais supplémentaires pour tous ces bagages qu'elles traînent avec elles en vacances, juste « au cas où ». À quoi se rajoutent tous les souvenirs qu'elles en rapportent.

Elles ont aussi une tendance à créer un excédent de bagage émotionnel. Vous vous faites une montagne d'un petit rien, vous vous créez des drames sans raison, vous vous offusquez d'offenses imaginaires ? Apprenez à vous alléger sur le plan physique, découvrez comme cela peut aussi vous alléger sur le plan émotionnel, et profitez mieux de votre vie.

De l'ennui

Tout comme le désordre met en sourdine les sons et l'atmosphère dans votre maison, il affaiblit votre capacité à profiter pleinement de la vie. Vous pouvez devenir dépendant de vos habitudes et sentir que vous vous encroûtez, faisant la même chose jour après jour, année après année. Il se peut même que vous deveniez une personne ennuyeuse. Mettre fin à votre désordre permet à l'inspiration d'entrer dans votre maison et dans votre vie. Le simple fait de déplacer votre désordre dans la maison, de temps en temps, va renouveler l'énergie.

Un tri, un rangement et un débarras de votre désordre sont absolument nécessaires si vous désirez vraiment retrouver passion, joie de vivre et bonheur. Ces sensations ne sont possibles que lorsque de puissantes énergies circulent dans votre corps, et cela ne peut se faire si vos canaux sont encrassés.

Trop de ménage

Il faut au moins deux fois plus de temps pour nettoyer un endroit qui est plein de désordre, d'autant que les objets eux-mêmes doivent aussi être nettoyés. Plus vous avez du fouillis, plus la poussière s'accumule, plus l'énergie stagne et moins vous avez envie de faire le ménage. C'est un cercle vicieux. Pensez à toutes ces choses amusantes que vous pourriez faire si vous vous débarrassiez de votre superflu et divisiez votre temps de ménage par deux !

De la perte de temps

Combien de fois par jour perdez-vous vos lunettes, vos clefs, votre porte-monnaie ? Combien de fois avez-vous cherché quelque chose, pour finalement abandonner et puis éventuellement tomber dessus des semaines, voire des mois plus tard ? Ou peut-être est-il habituellement plus facile pour vous d'acheter un nouvel objet plutôt que de rechercher celui que vous avez déjà ?

Être désorganisé fait perdre du temps, est frustrant et vous donne le sentiment d'être nul(le). Beaucoup de gens restent désorganisés, par opposition à la discipline imposée par leurs parents lorsqu'ils étaient jeunes, mais continuer ainsi toute une vie ne nuit qu'à eux-mêmes. Il est largement préférable de décider de prendre le contrôle de sa maison et de ses actions, plutôt que de laisser des problèmes non résolus de l'enfance diriger notre vie.

Une menace pour la santé et la sécurité

On peut en arriver jusque-là. Lorsque le désordre commence à sentir mauvais, attire des bêtes nuisibles, devient humide, pourrit ou commence à se désintégrer d'une manière ou d'une autre. S'en débarrasser devient une question d'hygiène – pour vous comme pour vos voisins. Certains types de désordre peuvent même couver un risque d'incendie.

Si vous tenez à votre santé et à votre sécurité, si vous préférez rester en bons termes avec vos voisins, débarrassez tout avant que cela n'empire (car cela ne va certainement pas s'améliorer !).

Un symbolisme non désirable

Quel est le message symbolique que votre désordre renvoie ? Le Feng Shui nous enseigne à être très attentif aux objets, images et photos dont nous nous entourons, car ils émettent tous un message. Il est étonnant d'observer à quel point les gens tiennent souvent aux objets auxquels ils attribuent une grande valeur sentimentale mais qui, pourtant, symboliquement, représentent précisément ce dont ils ne veulent plus.

Pour prendre un exemple simple, si vous êtes célibataire et recherchez une nouvelle relation, jetez tous vos bibelots ou portraits solitaires et remplacez-les par des objets qui vont par paire ou des photos de couples. Si vous avez une tendance à vous disputer, évitez trop de rouge dans votre décor. Si vous vous sentez déprimé(e), débarrassez-vous de tout ce qui pend dans votre maison et remplacez-les par des objets qui s'élèvent et vont hisser votre énergie. Relisez les premiers chapitres et peut-être voudrez-vous jeter la moitié de votre désordre en une seule fois lorsque vous découvrirez qu'il émet des ondes néfastes à tout ce que vous voulez dans votre vie !

Des conséquences financières

Combien cela vous coûte-t-il au juste de garder tous ces objets ? Parfois le seul argument pour raisonner les gens sur leur désordre consiste en un simple calcul financier.

Faisons un peu de mathématiques : parcourez chaque pièce de votre maison et estimez le pourcentage d'espace qui est utilisé pour des choses dont vous vous servez rarement, voire jamais. Soyez très honnête avec vous-même en faisant cela. Si vous voulez une flagrante vérité, incluez tout ce que vous n'aimez pas complètement ou n'avez pas utilisé depuis un an ; pour une approche plus douce, étendez cette période à deux ou trois ans. Dans une maison de taille moyenne, votre liste pourrait alors ressembler à ceci :

1	Entrée	5 %
2	Salon	10 %
3	Salle à manger	10 %
4	Cuisine	30 %
5	Chambre 1	40 %
6	Chambre 2	25 %
7	Débarras	100 %

8	Salle de bains	15 %
9	Cave	90 %
10	Grenier	100 %
11	Abri de jardin	60 %
12	Garage	80 %

Soit une somme de 565. Maintenant divisez le total par le nombre de pièces dans la maison :

565 divisé par 12 = en moyenne 47 % de bazar par pièce.

Dans cet exemple, les frais pour conserver ce désordre se montent à l'incroyable 47 % du loyer ou du crédit de la maison ! Je vous recommande fortement de faire vos propres calculs tout de suite ! Peut-être en êtes-vous même au point où vos affaires ont débordé de votre maison et que vous payez aussi la location d'un box à l'extérieur ! Il paraît que c'est un marché qui explose ces dernières années. En ville, il faut souvent le réserver plusieurs mois à l'avance pour être sûr d'avoir sa place. Est-ce vraiment le meilleur usage pour votre argent ? Ne voudriez-vous pas le dépenser autrement ?

Et votre désordre vous coûte de bien d'autres manières. Le temps qu'il vous faut pour acheter tout cela puis pour trouver une place dans votre maison. D'autant que, le plus souvent, il vous faut acheter quelque chose pour le stocker : boîtes, étagères, armoires, tiroirs, vitrines, caisses ou, pour les cas les plus extrêmes, une extension de la maison, un abri de jardin, un plancher supplémentaire dans le grenier ou un deuxième garage ! Il y a ensuite les frais pour le nettoyer, le maintenir à la bonne température, le protéger de l'humidité, des intempéries et des bestioles, puis enfin pour le transporter lorsque vous déménagez. Vous déciderez peut-être de l'assurer ou d'installer un système d'alarme pour le protéger. Et finalement, lorsque vous aurez retrouvé la raison, vous devrez encore dépenser les frais et l'énergie émotionnelle qui seront nécessaires pour vous en débarrasser. Est-ce que tout cela en vaut vraiment la peine ?

Tous ces coûts sont bien souvent supérieurs à ceux des objets eux-mêmes. Réfléchissez-y. La plupart du temps, vous dépensez argent et efforts pour acheter des choses dont vous ne vous servez jamais et payez ensuite pour les garder indéfiniment, sans aucune raison !

Perdre de vue ce qui est vraiment important

Possédez-vous vos affaires ou bien ce sont vos affaires qui vous possèdent ? Tout ce que vous possédez réclame votre attention et plus vous avez du désordre, plus votre énergie s'attache à des sujets banals. Comme nous l'avons vu, il faut s'en occuper d'une manière ou d'une autre. Lorsque vous évacuez votre désordre, vous vous donnez la liberté de mettre en avant ce qui est vraiment important dans votre vie, plutôt que de vous enliser dans l'entretien.

Comprendre comment votre désordre vous affecte vous aide à le regarder d'une manière nouvelle et à décider si vous voulez le garder ou non. Une partie vitale de ce processus de décision implique d'abord de comprendre *pourquoi* vous avez cumulé ce désordre.

Chapitre 6

Alors pourquoi s'obstine-t-on à garder son bric-à-brac ?

La réponse est complexe et lorsque vous aurez lu le chapitre suivant, vous trouverez que les différentes explications vous parlent plus ou moins.

Dans toutes les consultations que j'ai pu faire pour aider des gens à évacuer leur désordre, le bazar n'est que l'aspect physique du problème. Plus profondément, il existe toujours un grand nombre de problèmes plus complexes à l'origine de cette accumulation de désordre. Des excuses du genre « Je suis trop occupé(e)/paresseux(se)/stressé(e) » sont toutes des fausses pistes. Si vous trouvez le temps d'acquérir ce désordre – ce que les gens trouvent très facilement –, vous pouvez aussi trouver le temps pour vous en débarrasser. Ces défenses sont des tentatives pour évacuer le problème sans avoir à regarder les raisons psychologiques de cette accumulation.

Avant de continuer, permettez-moi de dire que je crois fermement que chacun agit toujours de son mieux. Laissons donc de côté tout jugement du désordre – le vôtre et celui des autres – une bonne fois pour toutes. Vous pouvez par la même occasion abandonner tout sentiment de culpabilité. Si vous avez du désordre dans votre vie, c'est que vous en aviez besoin pour une raison ou pour une autre. C'est pourquoi votre désordre actuel était parfait pour votre vie, jusqu'à présent.

Le but de ce chapitre est de vous aider à comprendre pourquoi vous aviez besoin du désordre dans le passé, ce qui va vous aider à le lâcher et à cesser d'en accumuler dans l'avenir. Ces mécanismes sont profondément ancrés dans votre inconscient et dirigent votre vie sans que vous vous en rendiez compte. Lorsque vous les avez saisis, ils perdent graduellement de leur pouvoir sur vous, et vous serez bientôt capable de regarder en arrière et de rire de vos ridicules accumulations de désordre.

Regardons donc quelques-unes des raisons qui vous poussent à conserver tout ce que vous avez.

Garder les choses « au cas où »

C'est la raison numéro un qu'avancent les gens pour garder leur désordre. « Je ne peux pas le jeter, plaident-ils, parce que ça peut toujours servir. » Gardez bien évidemment une réserve raisonnable des choses dont vous vous servez régulièrement, mais avez-vous vraiment besoin de tout ce bric-à-brac que vous avez gardé toutes ces années ? Faites-en la liste !

« On ne sait jamais », répondez-vous, en vous souvenant de toutes ces fois où vous avez jeté quelque chose pour ensuite en avoir besoin. Permettez-moi donc de vous expliquer comment cela arrive et comment le changer.

Conserver des choses « au cas où » illustre un manque de confiance dans l'avenir. Vous créez votre propre réalité par vos pensées. Si vous vous inquiétez d'avoir besoin de quelque chose peu de temps après l'avoir jeté, il est certain que c'est votre inconscient qui a créé cette situation, aussi étrange que cela puisse paraître. « Je *savais* bien qu'il aurait été encore utile ! » vous exclamez-vous, mais en fait vous auriez pu repousser ce besoin en pensant différemment. Vous avez créé ce besoin vous-même par l'esprit ! Si vous pensez vraiment avoir besoin de votre désordre, c'est que vous n'êtes pas en confiance et vous vous sentirez du coup toujours vulnérable et sans assurance face à l'avenir.

Souvent, ce n'est même pas votre propre avenir qui vous préoccupe. Vous voulez sincèrement pouvoir aider d'autres personnes dans le besoin. Alors vous gardez absolument tout « au cas où » quelqu'un d'autre en aurait besoin. Et vous voilà à mettre de côté des choses pour des gens que vous ne connaissez peut-être même pas encore et pour des circonstances qui ne vont jamais arriver. Comme ça, il devient littéralement impossible de jeter quoi que ce soit !

Voici quelques exemples extrêmes (et pourtant véridiques !) de choses complètement inutiles, gardées « au cas où » :

1. Cinq aquariums dans le grenier d'un homme qui n'aimait pas les poissons !

2. Un garde-manger rempli jusqu'au plafond avec des bouteilles vides, des cartons de margarine, des boîtes à œufs et des objets du même acabit, dont aucun n'avait servi depuis vingt ans.
3. Une grande salle de jeux pleine de jouets, gardés pour les futurs enfants du fils homosexuel d'un couple, « au cas où » il changerait son orientation sexuelle, se marierait et aurait des enfants.
4. Une collection complète d'annuaires téléphoniques (plusieurs douzaines de volumes) de l'année 1981 (vu en 1997 !).

Si vous partez en exploration dans votre maison, vous trouverez probablement vos propres points absurdes à rajouter à cette liste.

Ce qui est merveilleux, c'est qu'une fois que vous comprenez que vous vous êtes créé vous-même ces besoins, les choses évoluent. Lorsque vous déciderez de renoncer à ces objets, soit vous n'en aurez plus jamais besoin, soit, si vous en avez besoin, des choses équivalentes, voire meilleures, vont apparaître dans votre vie au bon moment. Il est vrai qu'il y a un « coup à prendre » mais tout le monde peut y parvenir. Plus vous apprendrez que la vie va s'occuper de vous, plus la vie s'occupera de vous.

Votre identité

Une autre raison de s'attacher à ses possessions est que son identité y est liée. Vous pouvez regarder un billet d'un spectacle d'il y a dix ans et vous dire : « Oui, j'y étais, je l'ai fait. » Vous pouvez regarder un bibelot qu'un ami vous a offert et vous dire : « Oui, j'avais un ami qui m'aimait suffisamment pour me donner cela. » En gardant ces « mémos », vous discernez peut-être plus nettement qui vous êtes…

Bien sûr, vous pouvez garder quelques cadeaux et souvenirs des temps heureux, pourvu qu'ils aient encore de la valeur pour vous et qu'ils ne soient pas si nombreux au point de tirer votre énergie plus dans le passé que dans l'avenir. Vous pouvez y échapper en faisant régulièrement du ménage afin que les choses qui vous entourent correspondent à la personne que vous êtes devenue.

Néanmoins, se débarrasser de ce genre d'objets présente des difficultés spécifiques. Parfois vous vous identifiez tellement à ces objets que vous avez l'impression de jeter une partie de vous-même ou, si c'était le cadeau d'un ami, de jeter la gentillesse de cet ami. Ce qui explique tous ces sentiments ambigus que l'on ressent lorsque l'on jette ce genre de désordre et, jusqu'à un certain point, ces sentiments-là ont de la valeur. Nos possessions se chargent en effet de nos propres ondes énergétiques et les choses que nous utilisons souvent, aimons bien ou avons nous-mêmes créées sont particulièrement imprégnées de notre propre énergie. C'est une des raisons les plus profondes pour lesquelles les gens se sentent si émotionnellement anéantis lorsqu'ils perdent tout après un cambriolage, un incendie, de grandes crues ou toutes autres prétendues catastrophes. Ils font le deuil d'une partie d'eux-mêmes et des amis qu'ils ont perdus (alors que ce sont en fait de merveilleuses occasions pour se donner un nouveau départ dans la vie).

Mais notre pérennité et notre bien-être ne dépendent pas du fait que certains objets restent ou non en notre possession. On peut parfaitement abandonner ces choses-là. Si vous vous identifiez très fortement à certains objets et que vous vouliez vous faciliter la tâche, trouvez-leur un meilleur endroit : donnez-les à quelqu'un qui va les apprécier et les utiliser. Et si vous les gardiez malgré tout, vous finirez par vous sentir plus coupable, car vous devenez alors un obstacle à leur nouvelle vie avec quelqu'un qui saura vraiment les apprécier à leur juste valeur !

Maintenir votre statut

Le statut, qui consiste finalement à « être aussi bien que les voisins », sert à renforcer une mauvaise estime de soi. Évidemment je ne dis pas que c'est le cas de tous ceux qui vivent dans une grande maison, loin de là. Mais certaines personnes s'affichent avec des signes extérieurs de richesse uniquement pour « sauver les apparences » et aucune quantité de « choses » ne sera jamais suffisante pour eux tant qu'ils ne s'attaqueront pas au problème, profond, de leur amour-propre.

Notre culture occidentale étant beaucoup trop axée sur le concept de la propriété, il est très simple d'oublier qui on est et pourquoi on est là. Ceci est particulièrement vrai aux États-Unis, où le statut personnel est souvent défini non pas par rapport à ce qui vous êtes, mais par rapport à ce que vous valez. Si vous possédez quantité de choses pour cette raison, vous achetez en fait une illusion. Car votre véritable personnalité est basée sur des principes totalement différents de ceux qui régissent notre monde matérialiste.

Posséder pour se sentir en sécurité

L'instinct primaire de créer son nid, un chez-soi qui sert ses besoins, est naturel mais il y a un point où la motivation pour acquérir ces choses commence à dériver. La publicité moderne est conçue volontairement pour jouer sur notre insécurité. « Si vous n'avez pas ceci, c'est que vous êtes un être humain inférieur » est le message subliminal constant que nous recevons. Si vous voulez voir à quel point vous êtes influencé(e), je vous lance un défi : essayez de ne pas lire les panneaux publicitaires la prochaine fois que vous prendrez les transports en commun.

À moins d'être dans un pays dont vous ne parlez pas la langue (et encore !), c'est quelque chose de très difficile. Ces messages publicitaires nous conditionnent sans relâche. Leurs méthodes sont très persuasives et nous ne nous en rendons jamais compte. Nous sommes constamment bombardés – télé, radio, journaux, magazines, affiches, tee-shirts, internet, etc. – et tout nous pousse à acheter encore et encore.

Mais voilà, peu importe combien d'affaires vous possédez, vous ne vous sentirez jamais en sécurité. Dès que vous possédez une chose, il y a toujours autre chose dont vous avez « besoin ». Il y a aussi le problème de l'inquiétude de perdre ce que vous possédez déjà. Parmi les gens les plus anxieux que je connaisse, il y a plusieurs multimillionnaires. La vraie sécurité ne peut venir que lorsque vous savez qui vous êtes et quels sont vos objectifs dans la vie.

Le matérialisme

Voyons ce qui se passe quand vous achetez quelque chose de neuf. Mettons que vous faites du shopping pour vous acheter une nouvelle veste. Vous en trouvez une qui vous plaît beaucoup, la posez un instant pour voir s'il n'y en a pas d'autres encore mieux. Et voilà quelqu'un qui arrive, prend la veste et a l'air intéressé. La panique monte en vous, « c'est MA veste », vous pensez. Et puis il y a le soulagement de voir qu'il pose la veste et s'en va, ou bien la gêne de l'interrompre pour lui dire que vous étiez là en premier. Ces sensations peuvent être vraiment intenses, mais en réalité il ne s'agit là que d'une veste qui, il y a seulement quelques minutes, ne signifiait rien pour vous.

Puis vous l'achetez, la rapportez à la maison et votre connexion énergétique se renforce. Si le lendemain par malchance elle se tache, se déchire, se fait déchiqueter par un éléphant qui passait par là ou bien autre chose, cela peut être un désastre ! Une calamité ! Le cœur se brise ! Et pourtant, il y a deux jours, avant d'entrer dans votre vie, elle n'existait pas pour vous. Que s'est-il passé ?

Ce désir de posséder des choses provient directement de l'ego, qui a besoin de posséder et de contrôler des choses. Mais ce désir n'est pas un réel besoin et votre bonheur ne dépend pas de vos biens. Ils peuvent vous aider dans votre voyage, mais ils ne sont pas le voyage.

Le désordre en héritage

La plupart de nos modes de comportement nous viennent de nos parents. Et si l'un de vos parents était accro au désordre, il y a de fortes chances que ses parents l'étaient également et ses grands-parents aussi. Ces caractères traversent les générations.

Si vous venez d'une longue lignée d'accros au désordre, votre lutte pour vous en sortir sera une tâche ardue : si vous retracez votre arbre généalogique sur seulement six cents ans, ce qui correspond à vingt générations, et si chacun de vos ancêtres a eu deux enfants, vous avez comme aïeuls directs sur ces six cents ans plus d'un million de personnes. C'est beaucoup de désordre à combattre.

Garder les objets « au cas où » fait partie de l'état psychologique des personnes démunies et cette mentalité se transmet généralement de parent à enfant. Vous n'avez peut-être vous-même jamais souffert de faim ni manqué de quoi que ce soit dans votre vie, mais ceux qui vous ont élevé(e) ont jadis souffert de ces expériences et ont insufflé cette peur en vous. Ainsi, ceux qui ont connu la Seconde Guerre mondiale, par exemple, portent encore un bagage émotionnel de crainte. Ils ont toujours peur de manquer : il suffit de regarder leurs placards et de compter les bocaux et autres boîtes de conserve... Si vous choisissez de penser d'une manière différente, vous pourrez vous libérer des angoisses de ceux qui vous ont élevé(e) et si vous allez encore plus loin et fixez votre regard sur l'abondance plutôt que de vous inquiéter de manques, vous allez joyeusement lâcher tout ce dont vous n'avez plus besoin. En fait, vous aurez hâte de les évacuer afin de libérer plus de place pour les bonnes choses à venir.

Dans les dernières décennies, de nombreux livres ont été écrits pour aider les gens à se libérer des formes d'affections génétiques et d'autres traits familiaux. Qu'arrivera-t-il à vos enfants si vous-même n'apprenez pas à maîtriser votre désordre ? Voilà votre chance de nettoyer votre lignée familiale pour toutes les générations futures.

Croire que le bonheur est dans le toujours plus

Voici un exemple. En Occident nous avons une sélection entière de couteaux de cuisine. Nous en avons des petits pour couper les petites choses, des grands pour couper les grandes choses, il y en a des pointus, des carrés, des légers, des lourds. Nous choisissons soigneusement le couteau le plus approprié à chaque tâche. Allez à Bali et vous allez découvrir quelque chose d'intéressant. Non seulement chaque famille ne possède qu'un seul couteau dont ils se servent de bien des manières, mais un enfant de 5 ans est généralement plus habile qu'un cuisinier occidental (demandez à un enfant balinais de vous éplucher un ananas !). Les gros pontes de la publicité nous ont lavé le cerveau jusqu'à ce que nous croyions avoir besoin de toute une gamme d'instruments de découpe et la plupart d'entre nous ne savent pas se débrouiller sans eux.

Les experts en marketing ne font que créer des besoins nouveaux pour vendre leurs produits. La prochaine fois que vous recevrez un de ces catalogues pleins de gadgets-ô-combien-utiles-mais-dont-vous-ne-saviez-même-pas-qu'il-vous-les-fallait, passez une demi-heure hilarante à vous imaginer en train d'utiliser ce machin miracle, simple à nettoyer et plein de fonctions merveilleuses, puis jetez la brochure joyeusement dans la poubelle sans rien commander. Vous vous renforcez énormément lorsque vous résistez à ce type d'achat et, de toute façon, vous ne l'auriez pas utilisé !

Garder par avarice

Certaines personnes refusent de se séparer de leurs objets tant qu'elles n'ont pas l'impression de les avoir rentabilisés à fond (même s'ils ont fait une affaire en les achetant ou même s'ils les ont eus gratuitement). Cela leur paraît presque indécent de se séparer de quoi que ce soit avant d'en avoir pressé l'utilité jusqu'à la toute dernière goutte, même s'il faut pour cela le garder à jamais.

Cependant, si vous tenez à ces choses pour cette raison, la vie ne sera pas généreuse avec vous. Les bonnes choses auront du mal à arriver dans votre vie si vous bloquez le flux énergétique en vous accrochant constamment à un bazar qui n'est plus d'actualité. Relâchez-le un peu et voyez ce qui va se passer.

Le désordre comme bouclier émotionnel

Vous sentez-vous gêné(e) quand il y a trop d'espace vide ou de temps libre ? Le désordre remplit commodément cet espace et occupe votre temps. Mais vous évitez quoi ? Généralement, c'est la solitude, la peur de l'intimité ou une autre émotion enfouie, et il paraît plus simple de la recouvrir avec du désordre plutôt que de lui faire face. Vous avez néanmoins besoin de dépenser une énergie colossale pour nier continuellement vos émotions. Vous serez ébloui(e) de voir comme votre vie décollera lorsque vous ferez enfin face à vos angoisses ! Se débarrasser de son désordre est l'une des façons les moins douloureuses pour réaliser cela, car vous pouvez le faire à votre propre rythme.

Un trouble obsessionnel compulsif

Certaines personnes ont tellement de bazar que cela en devient un désordre sérieux, du genre obsessionnel et compulsif. Si vous en êtes au point de ne jamais rien jeter parce que vous craignez trop d'en avoir besoin plus tard, ce livre vous aidera à comprendre votre problème. Vous aurez aussi besoin de l'aide professionnelle d'un thérapeute qualifié. J'ai rencontré des gens qui gardaient chaque ticket de caisse, chaque sac en plastique, chaque magazine et tout le reste parce que la peur les paralysait s'ils ne le faisaient pas.

Ils transformaient ainsi leur maison en cauchemar plutôt qu'en un endroit régénérant à partir duquel se lancer dans le monde. Évacuer son désordre ne peut en aucun cas se substituer à une thérapie appropriée, mais il peut être une étape vitale dans le processus de guérison, vers une vie plus heureuse et libérée de ses obsessions.

Chapitre 7

Apprendre à lâcher prise

L'art de trier et de se séparer du superflu consiste avant tout à lâcher prise. Il ne s'agit pas uniquement d'abandonner vos biens (c'est seulement le résultat final), mais d'apprendre à abandonner cette peur qui fait que vous accordez tant d'importance à des objets inutiles.

Prendre de la distance avec ce que l'on possède

En 1990, j'ai décidé de vivre en Indonésie, à Bali, et c'est ce que j'ai fait. Parfois les gens me disent qu'ils aimeraient vivre ainsi, de manière libre. Ils pensent que je suis très riche et que je peux faire ce qui me plaît, mais la vérité est que j'ai commencé avec rien sinon un désir intense de vivre à Bali et d'aller au bout de ce rêve. Lorsqu'ils regardent leur propre vie de manière objective, ils voient ce qui les empêche réellement de faire ce qu'ils veulent : la plupart du temps, l'attachement à leurs affaires. Ils ont arrangé leur vie de telle sorte qu'ils ne sont plus libres de suivre leurs envies.

J'aime beaucoup l'auteur anglais Stuart Wilde. Lors de mes voyages à travers le monde, j'apprends souvent qu'il était au même endroit que moi quelques jours auparavant ; j'espère donc que nos chemins se croiseront un jour. Son livre, *Infinite Self* (non traduit en français pour le moment), est une merveille. Voici un passage particulièrement intéressant : « Si vous rentrez et que votre chaîne hi-fi a disparu, vous pouvez dire "Ah ! Des voleurs sont venus prendre la chaîne hi-fi", plutôt que d'en être contrarié. [...] Cela laisse la place pour qu'une autre chaîne puisse arriver dans votre vie. Ou cela crée de l'espace pour aucune autre chaîne. Vous avez maintenant le silence pour pouvoir méditer et réfléchir à qui vous êtes et à ce que vous voulez dans votre vie. »

Si vous cherchez comment dépenser votre argent, voilà son conseil : « La fonction principale de l'argent n'est pas de le cumuler mais de l'utiliser. Le but principal de cet argent est d'acheter des expériences. Peu importe si votre compte bancaire est vide à la fin de votre vie. L'important est de pouvoir regarder en arrière et de dire : "Mon Dieu, quelles expériences !", car aucun de vos souvenirs n'est jamais perdu. »

Des possessions à durée limitée

La vie change constamment. Lorsque quelque chose entre dans votre vie, prenez-le donc avec plaisir, faites-en bon usage puis, quand le moment est venu, laissez-le repartir. Le fait que cela vous appartienne ne signifie pas pour autant que vous devez le garder à tout jamais. Vous êtes juste le gardien temporaire de beaucoup de choses qui traversent votre vie. Après tout, vous ne pourrez pas et n'aurez même aucune envie d'emporter le contenu de vos placards de cuisine avec vous lorsque vous mourrez !

Tout matériel est seulement de l'énergie en transition. Vous pensez peut-être que vous possédez une maison ou de l'argent sur votre compte, mais le fait est que vous ne possédez même pas le corps dans lequel vous vivez. C'est un prêt de la planète et quand vous en aurez fini, il sera recyclé et réapparaîtra sous une forme différente, sans vous. Vous êtes esprit, glorieux, éternel, indestructible esprit, mais votre condition humaine peut être résumée au mieux comme un état de corps-à-louer.

Votre corps est le temple temporaire de votre âme. Ce que vous gardez autour de vous dans le temple élargi de votre maison doit changer avec vous au rythme où vous changez et grandissez, afin qu'il reflète ce que vous êtes. En particulier, si vous êtes engagé(e) dans un travail de développement personnel, vous aurez besoin de mettre constamment votre intérieur à jour. Prenez donc l'habitude de laisser derrière vous une traînée de désordre bien dégagé et prenez cela comme le signe que vous progressez !

N'ayez plus peur

Les gens gardent leur désordre parce qu'ils ont peur de le lâcher – peur des émotions qu'ils pourraient éprouver en triant les objets, peur de faire une erreur et de, plus tard, regretter d'avoir jeté quelque chose, peur de se trouver vulnérable, exposé ou en danger d'une quelconque manière. Évacuer son bazar peut faire remonter à la surface beaucoup de problèmes qu'il faut bien regarder en face pour les gérer et, intuitivement, tout le monde sait cela.

Cependant le jeu en vaut la chandelle. Amour et peur ne peuvent pas exister dans un même espace : tout ce que vous gardez par peur vous empêche de faire entrer plus d'amour dans votre vie. La peur vous interdit d'être ce que vous êtes vraiment et de concrétiser vos projets. Le fait de vous débarrasser de votre désordre éclaire vos objectifs. Abandonner ce fouillis vous laisse libre d'être vous-même, ce qui est le plus grand cadeau que vous ne pourrez jamais vous offrir !

PARTIE 2

IDENTIFIER SON DÉSORDRE

Chapitre 8

Le désordre et le Ba-ga du Feng Shui

Si les chapitres précédents ne vous ont pas motivé pour commencer à tout ranger, celui-ci va sûrement y réussir.

Évaluez votre désordre grâce au Ba-ga

Le Ba-ga du Feng Shui est une grille qui révèle comment les différentes zones de tout bâtiment que vous occupez sont connectées aux différents aspects de votre vie.

Si une zone particulière de votre maison ou de votre lieu de travail semble toujours être en désordre alors que vous la nettoyez très souvent, regardez dans quel secteur du Ba-ga elle se trouve et vérifiez ce qui se passe dans le domaine correspondant de votre vie. Vous vous trouverez probablement face à une partie de votre vie qui vous pose des problèmes. Nos vies et les espaces que nous occupons sont inséparables ! Il est donc utile d'être plus sélectif sur ce que vous gardez dans cette zone afin d'apporter une plus grande harmonie dans ce domaine de votre vie.

Garder du bric-à-brac totalement inutile peut avoir des effets plus sérieux. Par exemple, un débarras dans votre zone de prospérité peut vous mener à des problèmes financiers. Un expert-comptable qui était venu à un de mes stages a décidé de tester le concept. Ses affaires ne marchaient pas très bien et il avait remarqué que dans la zone « prospérité » de son bureau se trouvaient un tas de miroirs et de bibelots cassés. Il a donc dégagé le tout et a été très étonné de ne recevoir, dans les jours suivants, pas un mais deux coups de téléphone de personnes qui sont devenues par la suite des clients importants. Le plus extraordinaire était qu'il s'agissait de grandes entreprises qui, désespérées de leurs experts-comptables habituels, avaient subitement décidé de faire appel à quelqu'un de nouveau par une voie totalement inhabituelle, c'est-à-dire les Pages Jaunes et avaient choisi son nom en premier ! Il a été tellement impressionné qu'il est revenu à un autre de mes stages, juste pour raconter cette histoire ! Au fil des années, j'ai entendu bien des fois ce genre de succès.

Comment utiliser le Ba-ga

Le Ba-ga du Feng Shui peut demander beaucoup d'années d'apprentissage et vous aurez peut-être envie, après la lecture de ce livre, d'aller plus loin. Cependant, afin de vous motiver à vous libérer de votre bazar, je vais juste vous expliquer le concept de manière très simplifiée, avec une grille schématique.

Supposons que vous souhaitiez appliquer le Ba-ga à votre maison. Prenez une feuille de plastique transparente, sur laquelle vous pouvez écrire, ou du papier-calque, et dessinez un carré, divisé en neuf cases, comme sur le schéma ci-après. Inscrivez-y également les mêmes légendes.

PROSPÉRITÉ RICHESSE ABONDANCE	**GLOIRE** RÉPUTATION ILLUMINATION	**RELATIONS** AMOUR MARIAGE
FAMILLE AÏEULS COMMUNAUTÉ	**SANTÉ** • BIEN-ÊTRE GLOBAL	**CRÉATIVITÉ** DESCENDANCE PROJETS
SAVOIR SAGESSE DÉVELOPPEMENT PERSONNEL	**VOYAGES** CARRIÈRE CHEMIN DE LA VIE	**AMIS PRÉVENANTS** COMPASSION VOYAGES

Le Ba-ga du Feng Shui (diagramme simplifié)

Puis prenez une feuille de papier et dessinez le plan de votre maison – les contours, avec tous les murs et les portes, vus d'en haut, suffiront. Si vous habitez une partie d'un bâtiment, ne dessinez pas le bâtiment complet mais juste l'appartement ou la pièce que vous occupez.

Ensuite, tournez la feuille jusqu'à ce que la porte principale de la maison, de l'appartement ou de la chambre se trouve en bas, comme si vous vous trouviez en face et pouviez entrer. Placez la feuille transparente avec le diagramme du Ba-ga par-dessus. L'entrée principale est le facteur déterminant pour positionner le Ba-ga car c'est par là que l'énergie ainsi que les personnes pénètrent dans votre domicile. Voici quelques exemples.

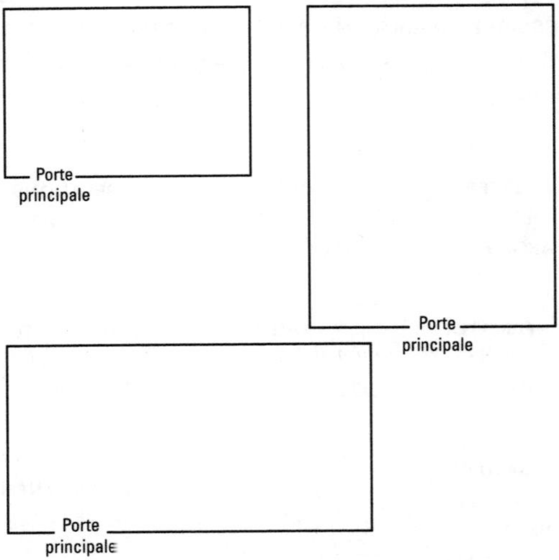

Dessin d'une pièce ou d'un bâtiment d'une forme régulière

La prochaine étape consiste à trouver le centre de votre habitation afin que vous puissiez dessiner le Ba-ga sur le plan et déterminer où, dans votre domicile, se trouvent les zones correspondant à chaque domaine de votre vie. Si le bâtiment est carré ou rectangulaire, c'est simple. Vous dessinez simplement des lignes diagonales en partant de chaque coin pour déterminer le point central et puis alignez celui-ci avec le point central du Ba-ga. En observant les diagrammes, vous remarquerez que le Ba-ga est élastique en longueur et en largeur afin de s'adapter à un espace rectangulaire. Si le bâtiment a une forme irrégulière, vous devrez d'abord l'adapter à un carré ou à un rectangle avant de tirer vos diagonales et de trouver votre point central.

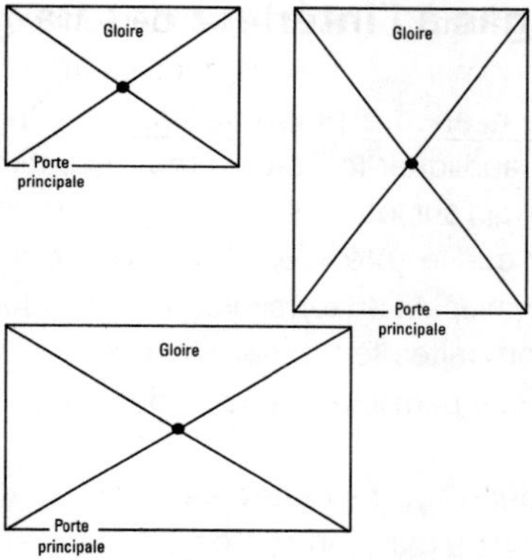

Localiser le centre de votre habitation et y dessiner le Ba-ga

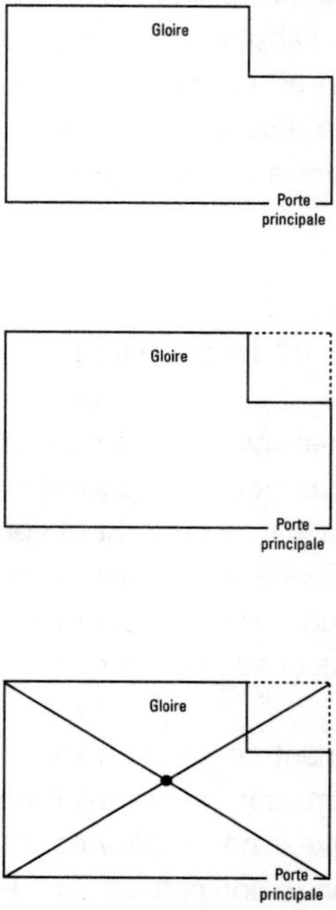

Si la forme de votre maison est irrégulière

Des Ba-gas à l'intérieur des Ba-gas

Voici qui est encore plus intéressant. On peut non seulement appliquer le Ba-ga à tout un bâtiment, mais aussi au terrain sur lequel se trouve le bâtiment (faites-le pivoter afin que le côté inférieur de la grille soit parallèle à l'entrée principale du terrain) et même à chaque pièce de la maison (faites-le tourner afin que le côté inférieur de la grille soit parallèle à la porte de chaque pièce).

Voilà qui coupe court à toutes les « bonnes » idées que vous pourriez avoir, comme de déposer en cachette votre bazar dans un abri tout au fond de votre jardin. Une remise pleine de bazar dans le coin au fond à gauche de votre jardin va saboter vos finances, une dans le coin au fond à droite va affecter vos relations et une au milieu peut nuire à votre réputation ; et ainsi de suite. Vous ne pouvez mettre votre désordre nulle part sans qu'il ne vous affecte !

Le désordre et le Ba-ga

Dans mon premier livre, *L'Harmonie de la maison par le Feng Shui*, vous trouverez plein d'informations pour corriger et guérir par le Feng Shui chaque secteur du Ba-ga afin d'améliorer les domaines correspondants de votre vie. Dans ce livre, je me concentre sur les effets du désordre dans chaque zone.

Essayez maintenant ce simple exercice : pensez à un placard de votre maison qui est tellement rempli d'objets que vous ne savez même plus ce qui s'y trouve. Ce placard correspond à une partie de vous-même. Il y a une partie de vous avec laquelle vous avez tellement perdu le contact que vous ne savez plus ce qui s'y passe. Pour le découvrir, identifiez la place du placard dans le Ba-ga de votre maison et aussi dans celui de la pièce même. Si vous utilisez souvent cette pièce, le Ba-ga de la pièce sera le plus puissant, sinon servez-vous plutôt du Ba-ga de votre maison.

Les neuf sections du Ba-ga

Vous allez remarquer que chaque section du Ba-ga a plusieurs noms. Cela, pour donner plus de sens aux ondes et niveaux énergétiques inclus dans chaque section. Prenez simplement les noms qui ont le plus de sens pour vous.

Prospérité, Richesse, Abondance

Le désordre dans cette zone va ralentir les rentrées d'argent et fera stagner votre situation financière en général.

Gloire, Réputation, Illumination

Lorsque cette zone est en désordre, cela peut ternir votre réputation et décroître votre popularité. Vous manquerez aussi d'enthousiasme, de passion et d'inspiration.

Relations, Amour, Mariage

Le désordre dans la zone des relations peut se traduire par des difficultés à trouver un partenaire ou accroître des problèmes dans une relation déjà existante. Vous n'obtiendrez pas ce que vous voulez ou ce dont vous avez besoin.

Famille, Aïeuls, Communauté

Ce genre de désordre peut causer des problèmes avec des supérieurs, des figures d'autorité ou des parents ainsi qu'avec votre famille ou la communauté tout entière.

Santé, Bien-être global

Ici, le désordre aura des conséquences néfastes sur votre santé, mais votre vie sera aussi sans but ni objectif précis.

Créativité, Descendance, Projets

Si cette zone est en désordre, vous allez probablement sentir votre créativité bloquée, vous aurez à lutter pour mener des projets à bon terme et aurez des difficultés avec des enfants ou des personnes qui travaillent pour vous.

Savoir, Sagesse, Développement personnel

Le désordre dans cette zone limitera votre capacité à apprendre, à prendre des décisions sages et à vous améliorer.

Voyages, Carrière, Chemin de la vie

Lorsque vous avez du désordre dans cette zone, la vie peut vous sembler comme une lutte permanente. Vous sentez que vous êtes coincé, que vous ne faites pas ce que vous voulez – et vous ne savez probablement même pas ce que vous souhaitez.

Amis prévenants, Compassion, Voyages

Le désordre dans cette zone bloque le flux d'aide dans votre vie, vous allez sentir que vous « voyagez souvent seul(e) ». Cela bloque aussi des projets de voyage ou de déménagement.

Le test du Ba-ga

Je suis une grande sceptique et vous encourage de tout cœur à tester la validité d'une information avant de l'accepter. Pour le Ba-ga, une façon consiste à choisir une section où tout va bien dans votre vie, d'y amasser tout un tas de bazar, de le laisser quelques mois et de voir ce qui se passe. Je l'ai fait une fois et ça a été un désastre !

Une manière plus productive, que je vous recommande définitivement plus que la première, est de choisir un domaine de votre vie qui ne se porte pas bien et de mettre fin au bazar dans les zones correspondantes du Ba-ga. Supposons que vous ne vous sentez pas soutenu dans votre vie. Vous aurez donc à évacuer tout désordre dans la zone des amis prévenants de votre jardin, si vous en avez un, de votre maison et des pièces principales. S'il y a des endroits inaccessibles (occupés par un locataire par exemple), vous devrez travailler encore plus dans les zones où vous avez accès.

Bien sûr, il vaut mieux tenter de vous débarrasser de tout votre désordre, où qu'il se trouve. Cela profitera également à tous les aspects de votre vie.

La prochaine partie va vous apprendre à identifier des types spécifiques de désordre, et nous commencerons par jeter un coup d'œil sur vos zones de désordre favorites, là où votre bazar s'accumule avec la plus grande facilité.

Chapitre 9

Les zones de désordre dans votre maison

Imaginez votre maison comme une représentation en trois dimensions de votre propre vie. Si vous partagez l'espace avec d'autres personnes, vous pourriez faire remarquer que cet espace représente plutôt leur vie que la vôtre, en particulier s'ils sont nombreux, mais vous ne vous en sortirez pas si facilement : tout autour de vous est un reflet de vous-même et cela n'inclut pas seulement votre maison mais aussi toutes les personnes qui y vivent et ce qu'elles y créent.

Ce chapitre met en lumière quelques-unes des principales zones où le désordre s'accumule et précise comment elles peuvent vous affecter.

Les caves, greniers et débarras

La cave

Votre cave ou tout autre lieu de stockage en sous-sol représente votre passé et votre inconscient. Une cave ou un sous-sol désordonné symbolise des problèmes du passé non réglés, souvent très lourds à porter (les gens ont une tendance à descendre le bazar le plus imposant dans leur sous-sol). Savoir depuis combien de temps ce bazar est resté là vous indiquera depuis quand vous avez évité le problème qui, symboliquement, est enterré dans ces affaires – et n'oubliez pas de rajouter tout le temps où cet objet n'a pas été utilisé, avant d'être relégué dans le sous-sol.

Si vous laissez les choses suffisamment longtemps dans votre cave, il y a toutes les chances que des souris, de l'humidité, des moisissures ou toute autre joyeuseté de la nature interviennent afin de vous aider à les jeter. Mais avant, comment ce désordre nuit à votre vie ? Se sentir sans espoir, déprimé, léthargique, sans but ou stoppé dans sa progression sont quelques-uns des effets secondaires désastreux d'un désordre souterrain.

Vous pouvez bien évidemment utiliser votre cave pour y stocker des choses, mais vous devez passer régulièrement en revue ce qui s'y trouve, ne garder que les choses que vous utilisez de temps en temps et ne pas en avoir en quantité telle que l'air et l'énergie ne puissent plus circuler.

Le grenier

Les choses accumulées dans votre grenier peuvent restreindre vos possibilités et aspirations les plus hautes. C'est comme si vous vous sabotiez vous-même en vous créant une fausse limite. Plus que la plupart des gens, vous aurez une forte tendance à vous inquiéter de l'avenir, comme si des problèmes restaient suspendus au-dessus de votre tête, prêts à tomber sur vous à chaque instant ! Beaucoup de gens m'écrivent pour me raconter ce qu'ils ressentent de différent après avoir évacué leur grenier :

> *« J'ai mis une semaine à vider le grenier mais je me sens très bien et plein d'énergie. »*

> *« J'avais gardé dans mon grenier la mémoire des quarante dernières années – des vieilles lettres d'amour, des photos, des bibelots et des souvenirs. Ils attiraient la poussière et les souris. J'ai jeté le tout et reconverti mon grenier en un studio d'art, qui à présent est devenu ma pièce préférée dans toute la maison. Ma créativité nouvelle m'apporte tant de joie. »*

> *« J'avais demandé une consultation avec vous car mes affaires végétaient ces dernières années et j'espérais que vous pourriez faire de la magie avec votre Feng Shui et faire que de meilleurs événements m'arrivent. La dernière chose à laquelle je m'attendais était de vider mon grenier et je dois avouer que je ne l'aurais pas fait tout seul. Ma femme m'a persuadé de me lancer et je voulais juste vous dire que les choses ont été très exactement comme vous l'aviez dit – comme si on avait enlevé le couvercle qui pesait sur mes affaires, qui maintenant ont démarré de manière nouvelle et complètement excitante, comme si un rêve se réalisait. »*

Les débarras

J'espère que le chapitre sur le Ba-ga vous a guéri(e) une bonne fois pour toutes de la tentation d'avoir un débarras. L'énergie sombre qui émane des débarras est vraiment indésirable et peut assurément être un bâton dans les roues pour tout travail dans n'importe quelle partie de votre vie à laquelle il est connecté. Si les circonstances de votre vie sont telles qu'il vous faut absolument un débarras pour un certain temps, au moins organisez-le et nettoyez-le régulièrement.

Les tiroirs fourre-tout

Le conseil que je vais vous donner maintenant va vous surprendre : il faut avoir un tiroir fourre-tout. Choisissez un tiroir dans lequel vous pouvez juste jeter des choses. Si vous vivez dans une grande maison, vous aurez peut-être besoin d'un tel tiroir à chaque étage.

Se libérer de son désordre ne signifie pas être parfait jusqu'à l'obsession – il s'agit de gérer vos objets pour que l'énergie soit joyeuse et puisse circuler plutôt qu'elle soit maussade et stagnante. Dans ce monde agité on a parfois besoin de souffler et de juste pouvoir ouvrir un tiroir et d'y jeter toutes ces choses bizarres qui traînent partout. Ayez donc un tiroir fourre-tout, mais suivez ces trois règles :

1. Choisissez un petit tiroir.
2. Utilisez-le avec parcimonie.
3. Nettoyez-le et videz-le régulièrement.

Les entrées, porches et lieux de passage

Votre entrée principale

Selon le Feng Shui, votre entrée principale représente votre approche du monde lorsque vous regardez dehors et votre approche de votre propre vie lorsque vous regardez vers l'intérieur. L'énergie, tout comme les gens, entre et sort par cette porte. Si cette zone est en désordre, elle peut freiner à la fois les opportunités qui viennent vers vous et votre avancée dans le monde. Il est primordial de garder cette zone dégagée. Le désordre près de l'entrée principale crée des conflits inutiles dans votre vie.

La prochaine fois que vous utiliserez cette porte, regardez-la attentivement et objectivement. Le chemin qui mène vers elle est-il bloqué par des branches qui dépassent ou par des plantes qui débordent ? Y a-t-il du bazar devant la porte ? Devez-vous vous frayer un passage parmi les manteaux accrochés devant la porte, les chaussures éparpillées, les bottes en caoutchouc, les chapeaux, les gants et autres écharpes ? Organisez cette zone pour qu'elle soit autant que possible libérée de tout désordre et, en particulier, assurez-vous qu'il n'y a rien derrière la porte qui empêche de l'ouvrir complètement.

La porte de derrière

Comme vous allez le découvrir plus tard dans ce livre, lorsque j'aborderai les miracles du nettoyage du côlon, tout ce qui se mange finit par sortir. Si votre porte d'entrée est la bouche, votre porte arrière est votre… (je vous laisse deviner). Si vous ne voulez donc pas que votre maison soit constipée, ne laissez pas non plus le bazar s'y accumuler.

Derrière les portes

Un test très simple pour vérifier si le Feng Shui fonctionne ou pas est de traverser votre maison et d'évacuer le bazar derrière chacune de vos portes. Cela inclut tout ce qui est suspendu aux crochets ou aux poignées (peignoirs, serviettes, sacs à main et autres) ainsi que les choses qui empêchent la porte de s'ouvrir complètement (meubles, paniers à linge, etc.). Vous allez remarquer que votre vie devient bien plus facile. C'est si simple et si efficace. Quand les portes ne peuvent pas s'ouvrir en grand, l'énergie ne peut pas circuler librement dans votre maison et tout réclame donc plus d'effort. Lorsque vous enlevez ce bazar, l'énergie s'écoule plus facilement, et votre vie aussi.

Les lieux de passage

Le désordre dans les couloirs ou les cages d'escaliers obstrue la circulation de l'énergie revigorante dans votre maison et votre vie s'englue plutôt que d'avancer. Si vous devez vous contorsionner pour passer, le désordre est devenu un problème de la pire espèce !

Les pièces à vivre

Le salon/salle à manger

Ces pièces varient énormément d'une maison à une autre. Il y en a qui sont ennuyeusement propres, claires et dégagées, au cas où quelqu'un viendrait à l'improviste et d'autres donnent toujours l'impression d'avoir essuyé une tempête. Ce qui est important, c'est que votre maison ait un « cœur », où les gens se sentent naturellement bien et aient envie de passer du temps ensemble. Même si vous vivez seul(e), il doit y avoir une place où vous vous retrouvez avec vous-même. Une maison sans cœur n'est pas un chez-soi.

Parfois, c'est la table de la cuisine ou de la salle à manger qui devient le point culminant de cette énergie, ou peut-être le salon. Où que ce soit, il ne faut pas que l'énergie traverse l'espace à la vitesse de l'éclair. Elle a besoin de pouvoir s'accumuler et de fusionner avant de continuer son chemin. Voici donc un endroit où quelques objets décoratifs bien choisis peuvent ancrer l'énergie et créer une atmosphère accueillante. Il est particulièrement important de rendre l'espace aussi accueillant et chaleureux que possible grâce à un objet central attrayant, un symbole qui va nourrir et inspirer les gens qui y habitent.

La cuisine

Que se cache-t-il dans vos placards de cuisine ? Un homme qui participait à un de mes cours nous racontait qu'après avoir lu mon livre il avait décidé de manger tout ce qu'il avait chez lui et de ne pas faire de courses avant d'avoir tout consommé. Il s'est nourri ainsi pendant presque huit semaines ! À la fin il ne lui restait plus que dix boîtes d'aliments qu'il n'aimait pas et il les a donc jetées puis est allé faire ses courses !

Nettoyez à fond vos placards sans oublier le frigo et le congélateur.

Les chambres

Les objets qui n'ont rien à faire dans une chambre

Votre chambre est-elle le dépotoir pour toutes ces choses dont vous ne savez pas quoi faire ? Si oui, c'est que vous vous considérez vous-même comme un être humain de seconde zone. Il est tout sauf idéal d'avoir des ordinateurs, des vélos d'intérieur, des équipements cassés, ou tout autre objet entassé dans votre espace de sommeil. Pas question d'avoir du désordre dans une chambre, aussi bien pour les enfants que pour les adultes.

Pour les plus romantiques, que vous soyez célibataire en recherche d'une relation ou déjà installé dans une union, garder votre chambre propre et libre de tout désordre vous rapportera des dividendes. Autour du linge sale se tient une énergie avariée, ne placez donc jamais votre panier à linge sale dans la chambre et changez vos draps au moins une fois par semaine afin de conserver votre énergie intense et fraîche. Cela va améliorer tant votre sommeil que votre vie amoureuse.

Sous les lits

Tout dans votre champ énergétique affecte la qualité de votre sommeil, résistez donc à la tentation d'accumuler du bazar sous votre lit. Si vous avez un lit à tiroirs, la meilleure chose est d'y conserver les draps, serviettes ou les vêtements propres.

Les tables de nuit

Un fait curieux et peu connu : lorsque les gens ont plein de bouteilles ou de petites boîtes sur leur table de nuit, la plupart sont vides. Vérifiez les vôtres.

Gardez les surfaces de votre chambre aussi dégagées que possible, afin que l'énergie puisse circuler facilement et harmonieusement.

En haut des armoires

Le désordre en haut des armoires et des placards ressemble aux problèmes qui seraient suspendus au-dessus de votre tête dans l'attente que l'on s'en occupe. Il vous empêche d'avoir des pensées claires et nouvelles et, si c'est la première chose que vous voyez le matin, vous aurez tendance à vous réveiller amorphe. Dans votre maison beaucoup de désordre placé à hauteur des yeux aura généralement un effet oppressant et vous donnera peut-être des maux de tête.

À l'intérieur des armoires

La plupart des personnes portent environ 20 % de leurs vêtements 80 % du temps. Si vous ne me croyez pas, faites ce test pendant un mois : chaque fois que vous portez quelque chose et le lavez, accrochez-le d'un côté de votre armoire. À la fin du mois vous verrez que vous portez les mêmes vêtements la plupart du temps (à moins que vous n'ayez changé vos habitudes exprès ou que votre travail vous impose une grande variété dans votre garde-robe).

En fait, cette règle des 80/20 ne s'applique pas seulement aux vêtements. On peut l'appliquer à tous vos biens et à la plupart des activités de votre vie. On obtient, tous, 80 % de nos résultats avec 20 % de nos efforts (dans le monde des affaires, c'est connu comme le principe de Pareto, d'après l'économiste italien Vilfredo Pareto qui a été le premier à le comprendre). De même, 80 % de tout ce qui nous est utile provient de 20 % de nos biens.

Donc, lorsque vous en êtes à ranger votre armoire, divisez d'abord honnêtement vos vêtements en deux tas, les 20 % que vous aimez et les 80 % qui ne font que prendre trop de place, et il devient alors beaucoup plus facile de lâcher l'excédent.

Lorsque vous triez la pile des 80 %, il est judicieux d'avoir des critères clairs pour savoir si quelque chose reste ou part. Vérifiez d'abord les couleurs. Une consultation professionnelle (une « colorimétrie ») est un très bon investissement afin d'apprendre quelles sont les couleurs qui augmentent et améliorent votre énergie et quelles sont celles qui font le contraire. Vous repartirez avec un échantillon de couleurs dont vous pouvez être sûr(e) qu'elles vous donneront bonne mine et avec lesquelles vous vous sentirez bien : cela fait des miracles pour votre assurance propre. Cette méthode va vous aider à vous séparer d'au moins 50 % de vos vêtements pour toujours, car il devient alors évident qu'ils n'ont jamais réellement été en harmonie avec vous.

Puis mettez chaque vêtement de la pile qui reste, et essayez chacun d'eux. Si vous n'aimez pas la forme, la texture, la coupe, le tissu ou quoi que ce soit, jetez-les. Vous vous devez de créer une collection de vêtements que vous adorez, afin de ne plus jamais ouvrir une armoire pleine et gémir : « Je n'ai rien à me mettre ! »

Prenez la décision de ne plus jamais acheter quelque chose qui n'est pas exactement ce que vous voulez, car vous savez à présent qu'il terminera dans la pile des 80 % et que vous aurez perdu votre argent. Décidez de n'acheter que des choses que vous aimez et qui vous vont bien, même si cela signifie n'acheter que trois ensembles superbes qui coûtent un peu plus cher plutôt que vingt nullités moins chères. Eh oui, je vous recommande cela même si vous avez de petits moyens. En fait, vouloir toujours avoir une belle apparence et se sentir bien est une des meilleures manières d'élever votre énergie et, ainsi, d'attirer plus de prospérité.

Les vêtements et leur vibration énergétique

Il y a des gens qui gardent des habits qu'ils n'ont pas portés depuis plus de vingt ans. Ils disent qu'ils vont revenir à la mode si on les garde assez longtemps. Mon conseil : si vous ne l'avez pas porté l'année dernière et encore plus si vous ne l'avez pas porté dans les deux ou trois dernières années, laissez-le partir. En une année vous avez traversé un cycle complet des saisons et si vous n'avez pas ressenti l'envie de le porter pendant tout ce temps-là, ça signifie que cet article est périmé. Si deux ou trois cycles des saisons sont passés, il est clairement temps de l'abandonner.

Il est peut-être utile de comprendre pourquoi ces vêtements ne seront plus jamais appropriés. De la même manière que nous décorons les murs de notre maison, nous choisissons les couleurs, les matières et les coupes des vêtements que nous portons afin qu'ils reflètent notre propre énergie. Les gens ont, par exemple, des phases pour les couleurs. Il y a quelques années tous mes vêtements étaient violets, avec quelques pièces en bleu, vert et turquoise, mais l'essentiel était violet. Quelqu'un qui me rendait visite à Bali trouvait ma maison uniquement en voyant tous les vêtements violets qui séchaient dehors ! À cette époque, j'accumulais beaucoup d'énergie violette dans mon aura, ce qui provenait de mes revendications quant à mon propre pouvoir et ma prospérité. J'ai maintenant intégré cette couleur et ne la porte donc presque plus.

La plupart des gens ont quelques tenues dans leurs armoires qu'ils ont portées une seule et unique fois. Ce qui se passe, c'est que vous faites du shopping un jour et voyez un vêtement, mettons orange avec des pois violets, vous l'essayez et (vous pensez que) vous avez l'air superbe dedans, vous l'achetez donc. Eh bien, il se trouve que ce jour-là vous étiez émotionnellement un peu déséquilibré(e) et que les couleurs dans votre aura avaient viré à l'orange avec des pois violets ou quelque chose d'approchant ; ces couleurs vous semblaient donc superbes. Mais le lendemain cet état émotionnel particulier s'est dissipé, les couleurs de votre aura sont redevenues normales et les vêtements n'ont plus l'air superbes du tout (ils ne le paraissaient à personne !).

Vous attendez ensuite que le cycle recommence, mais généralement (et heureusement) c'est un événement unique, avec peu ou pas de répétition. Voilà le truc : ne faites jamais du shopping quand vous êtes émotionnellement troublé(e). Le shopping en guise de consolation est un moyen sûr pour finir avec une armoire pleine de vêtements que vous ne porterez jamais.

Certaines personnes gardent leurs vêtements devenus trop petits en espérant perdre du poids et ainsi les porter à nouveau. C'est rare que cela se passe comme ça. Si c'est votre cas, vous vous rendrez un service en acceptant un conseil de Denise Linn, que j'ai transmis à beaucoup de personnes avec de fantastiques résultats : jetez tous ces vêtements et allez vous acheter quelque chose qui vous va et vous fait vous sentir bien, tel(le) que vous êtes aujourd'hui. Car que se passe-t-il alors ? Vous perdrez du poids. Appelez cela une règle de crétin si vous voulez, mais cela fonctionne car vous avez décidé de vous aimer exactement comme vous êtes au lieu d'attendre d'avoir perdu du poids. Tout ce à quoi vous résistez persiste et quand vous vous arrêtez de résister, cela s'arrête de persister !

Les salles de bains

Il m'arrive souvent de voir des salles de bains remplies jusqu'au plafond d'appareils ou de produits de soins et de beauté. On en trouve sur des étagères, sur le rebord de la fenêtre, sur le réservoir de la chasse d'eau des toilettes, autour de la baignoire et partout où il y a de la place. C'est alors très difficile de nettoyer toutes les saletés qui s'y déposent inévitablement et cela crée une ambiance de confusion et de chaos dans une zone qui idéalement devrait être calme et paisible. Les gens dont la salle de bains est dégagée trouvent quelques-unes de leurs meilleures méditations (et chansons !) sous leur douche ou dans leur baignoire. Vous aurez de meilleurs résultats si vous installez des meubles que vous garderez propres tant à l'extérieur qu'à l'intérieur.

Le garage

C'est l'aubaine de tout adepte du désordre. Il offre beaucoup d'espace pour y stocker des pièces de la voiture que vous ne possédez plus, des meubles qui ne servent plus, des boîtes pleines de choses que vous n'avez jamais aimées et tout ce que vous ne pouvez plus caser dans la maison. Les désordonnés appliqués laisseront volontiers leur coûteuse voiture dehors quel que soit le temps, afin que leur bazar sans aucune valeur soit bien protégé et au sec. Je connais même une famille qui a déménagé d'une maison avec un garage pour une autre avec deux garages, parce qu'ils avaient besoin de plus de place pour leur désordre !

On peut utiliser les garages pour y stocker des objets, mais uniquement ceux que vous utilisez et aimez. Un garage propre et bien organisé peut être un véritable bonheur.

La voiture

L'état de leur voiture est chez la plupart des gens un indicateur de leur véritable degré de désordre. Si vous avez dégagé votre maison mais roulez avec du bazar jusqu'aux genoux, il y a encore du travail !

Votre voiture est un petit monde à elle toute seule. Est-ce que vous vous excusez chaque fois que quelqu'un monte dedans ? Combien de fois par semaine pensez-vous : « Cette voiture a vraiment besoin d'être nettoyée » ? Chaque fois que vous y pensez, votre énergie descend, jusqu'au point où il vous coûte bien plus d'énergie de ne pas le faire plutôt que de vous retrousser les manches et de vous y mettre. Vous savez bien à quel point c'est agréable lorsqu'elle est propre et entretenue. Faites-vous donc plaisir !

Les désordres portables

Je veux parler ici des sacs à main, des attachés-cases, des poches de pantalon, etc. Au cas où vous vous demandez si je suis mes propres conseils : il y a quelques jours, j'étais invitée chez des amis et leur fille de deux ans avait décidé de vider mon sac. Un à un, elle en sortait chaque objet sous le regard émerveillé de ses parents. Apparemment cette petite fille fouillait régulièrement dans les sacs à main en laissant derrière elle des femmes gênées. Je peux vous assurer que c'était merveilleux d'être détendue et de la regarder faire avec joie plutôt qu'avec honte. Ses parents s'étaient préparés à me présenter leurs excuses, mais au lieu de cela, ils m'ont décerné le prix du sac à main le plus propre qu'ils n'aient jamais vu ! Bien sûr, il n'est pas toujours aussi immaculé, mais je ne vois vraiment pas pourquoi je me promènerais partout avec un sac de déchets, et le nettoyer régulièrement m'est aussi essentiel que de laver mon linge.

Chapitre 10

L'art de tout collectionner

La plupart des gens collectionnent quelque chose. Les moins fantaisistes optent pour des dés à coudre, des cuillers à café, des boîtes d'allumettes, des dessous de verres ou des timbres, tandis que d'autres, plus excentriques, amassent des souvenirs de pop stars défuntes, de vieux pots d'échappement, des pièces détachées de machines à coudre et même des poils de moustaches de chats (oui, j'ai rencontré ce type de collectionneur !). Un autre grand classique est le bibelot en forme d'animal. Les plus en vogue sont les chats, les chiens, les grenouilles et les canards, avec des variantes locales, telles que des kangourous ou des koalas en Australie, des éléphants, tigres et dragons pour ceux qui ont un penchant oriental, etc.

Quelques mignons chatons sur la cheminée est une chose, mais ces collections peuvent devenir ingérables. Il y aura bientôt des chats bibelots dans chaque pièce, des tableaux de chats aux murs, des chats sur vos torchons, vos tee-shirts, vos coussins et vos tasses. Un jour, je parlais de ce phénomène dans un cours et une femme explosa au premier rang en confessant qu'elle avait plus de deux mille fausses grenouilles dans sa maison. « Même ma porte d'entrée est une grenouille sculptée ! » s'écria-t-elle, avec tant de ferveur que toute l'audience éclata de rire.

Pourquoi les gens collectionnent-ils des choses ?

Lorsque les gens remontent dans le temps, certains découvrent que leur attraction pour telle ou telle collection a débuté dans leur enfance. D'autres ont tout d'abord reçu un cadeau de la famille et des amis prévenants en ont rajouté. Quoi qu'il en soit, lorsque l'on se met à collectionner telle ou telle chose, ou bien même si l'on finit « par hasard » avec une collection, on aspire en fait intuitivement à répondre à un besoin réel, généralement inconscient. C'est une sorte d'énergie qui nous est nécessaire à ce moment précis et qui a tout à fait sa raison d'être. Mais la vie évolue et change en permanence et nous avons uniquement besoin de collectionner telle chose jusqu'à l'avoir spirituellement intégrée dans notre vie. Puis nous pouvons avancer.

Les Amérindiens faisaient grand cas des reproductions d'animaux. Chaque personne avait un totem représentant un animal, qui était et une protection et une source de pouvoir et de sagesse pour eux. Les membres de la tribu prenaient souvent des noms tels que « Aigle Blanc », « Ours Dansant », etc. Et ils vivaient en totale harmonie avec ce symbole pendant toute leur vie. Mais les temps ont changé. Si autrefois on pouvait désigner un homme selon sa profession, aujourd'hui la vitesse de notre monde donnerait du : « Richard l'informaticien devenu chauffeur de taxi devenu fermier bio devenu écrivain. » La plupart des gens peuvent envisager plusieurs professions durant leur vie et souvent aussi plusieurs mariages ou relations importantes. C'est comme si nous vivions plusieurs vies en une seule. La raison se trouve dans les mondes invisibles de l'énergie. Denise Linn nomme cela l'augmentation de la « vitesse de gribouillis », c'est-à-dire la vitesse à laquelle vibre l'énergie. Plus la vibration est rapide et plus haut nous pouvons aller dans le spectre de nos possibilités. Mais pour cela, la dernière chose à faire dans ce monde où nous attendent tant d'opportunités, c'est de rester bloqué en collectionnant des grenouilles !

L'homme qui fabriquait des cochons

J'ai connu un homme qui fabriquait des cochons. Tout a commencé avec sa mère qui s'est acheté un cochon en plâtre dans une braderie, cochon qui lui a tellement plu qu'il a fabriqué un moule pour le reproduire. Très vite, il est passé des cochons en plâtre aux cochons en porcelaine peinte. Puis quelqu'un lui a suggéré d'y ajouter des ailes pour le rendre encore plus intéressant et ça a été la naissance du cochon volant. Il a ouvert une boutique dans le très chic quartier de Covent Garden à Londres et a vendu ses cochons volants par milliers. Il en a fabriqué de toutes les tailles et les gens achetaient un lot entier pour les suspendre chez eux. Pour Noël, on trouvait même une collection spéciale de cochons dormants. Aujourd'hui, il raconte qu'il a toujours senti qu'une raison, un but, devait se cacher derrière son ardeur à fabriquer des cochons, mais il lui a fallu seize ans pour vivre pleinement sa passion des cochons et découvrir cette raison. Il a découvert que son grand-père maternel et ses deux arrière-grands-pères maternels étaient charcutiers ! Il estime que les 32 000 cochons qu'il a fabriqués correspondent à peu près au nombre de cochons que ses ancêtres ont abattus durant leur vie. Une fois cette « dette » équilibrée, il a fermé sa boutique et a commencé une nouvelle vie en tant que praticien de shiatsu !

La femme aux canards

Dans la maison d'une femme chez qui je faisais une consultation de Feng Shui, j'ai compté plus de cent canards pendant qu'elle me faisait visiter la maison. « Alors, ces canards ? », lui ai-je demandé et, en retour, j'ai eu droit à un regard vide. « Quels canards ? », m'a-t-elle demandé. Nous avons à nouveau fait le tour de la maison et, lorsque je lui ai montré tous ces canards, elle a été très étonnée. Il y en avait sur le papier peint, brodés sur ses coussins, dans sa salle de bains, sur sa chemise de nuit, sur sa porcelaine. C'était le royaume des canards, mais elle ne s'était pas du tout rendu compte qu'il y en avait autant. Et le plus révélateur : tous ces canards étaient solitaires et le grand problème dans sa vie était de ne pas avoir de mari. Bref, elle a suivi mon conseil, a jeté tous ses canards dehors et a trouvé son homme !

Ne soyez pas un collectionneur aveugle

L'art de comprendre une collection est de découvrir pourquoi vous la faites, d'en tirer un enseignement et puis de passer à autre chose. Ne vous limitez pas.

Dégagez l'espace afin que quelque chose de nouveau puisse entrer dans votre vie. Mais ne passez pas votre vie à collectionner des choses sans même savoir pourquoi.

Si vous collectionnez des bibelots d'animaux, il est intéressant de faire des recherches dans les cartes de tarots animaliers (qu'on trouve facilement dans des librairies ésotériques) afin de découvrir pourquoi vous êtes tellement attiré(e) par votre bête favorite. Cela vous donnera un aperçu de ce que vous voulez, peut-être inconsciemment, attirer. Vous aurez peut-être besoin de temps pour digérer cette information et vous sentir vraiment prêt(e) à lâcher votre collection. Mais même là, il se peut que lâcher tous ces canards à la fois soit encore trop difficile. Diminuez donc lentement votre troupeau, à votre rythme, car il est très important que ce processus se déroule de manière naturelle et non pas forcée.

Chapitre 11

La paperasse vous envahit

Qu'est-ce qui rend le papier si attractif ? On avait prédit que l'âge électronique allait réduire l'usage du papier mais, à l'étonnement général, on en utilise plus que jamais. Voilà comment attaquer les endroits les plus délicats à traiter.

Vos livres

Garder de vieux livres est une situation courante, particulièrement chez les personnes ayant un esprit curieux. Pour beaucoup de gens, les livres sont des compagnons fidèles. Ils sont toujours là pour vous tenir compagnie lorsque vous en avez besoin, pour vous procurer par bien des façons du savoir, de l'inspiration, du divertissement et de la stimulation.

Mais le problème est que ces vieux livres ne vous permettent pas de faire entrer dans votre vie de nouvelles idées ou de nouvelles manières de penser. Vos livres représentent symboliquement vos idées et croyances et, lorsque vous en avez trop sur vos étagères, vous

vous figez dans votre façon d'être et vous développez de l'énergie moisie, comme sont moisis ces vieux livres dont vous vous entourez.

Quand des gens très instruits m'appellent pour une consultation de Feng Shui et qu'ils ont des difficultés à rencontrer quelqu'un, je trouve souvent dans la zone des relations de la maison ou d'une des pièces principales une grande étagère pleine de vieux livres. Sans avoir aucune connaissance du Feng Shui, ils l'ont placée là car cela leur semblait le bon endroit – parce qu'en fait leur première relation est avec leurs livres ! Ces personnes ont aussi une pile de bouquins à côté du lit pour la lecture du soir – encore une fois un ersatz de relation. En déplaçant la bibliothèque ou tout au moins en dégageant un peu les étagères, on crée de l'espace pour de nouveaux intérêts et de nouvelles relations dans sa vie.

Peut-être avez-vous vous-même tant de livres qu'ils ont depuis longtemps débordé de vos bibliothèques et se sont installés dans d'autres endroits. Sont-ils empilés sur votre bureau, sur la table basse, à côté de votre fauteuil préféré ou même dans toilettes ?

Apprenez à vous séparer de vos livres le temps venu. Commencez par les livres de cuisine jamais utilisés (non, ne les ouvrez pas pour chercher des recettes !). Puis des livres de référence que vous n'avez pas ouverts depuis des années, des livres pour enfants pour lesquels vos propres enfants sont trop grands, des romans pas suffisamment intéressants pour qu'on les finisse un jour, des livres dont le contenu est en désaccord avec votre être ou vos opinions. Poursuivez ensuite avec les livres qui se trouvent à des endroits tellement inaccessibles que vous ne les avez pas touchés depuis des décennies ou qui sont tellement vieux qu'ils sont décomposés. Il y a ensuite les livres qui vous ont inspiré(e) profondément il y a quelques années, mais dont le concept fait maintenant tellement partie de vous que vous n'avez même plus besoin de les lire. Ayez comme objectif d'aboutir avec une collection de livres qui vous représente tel(le) que vous êtes aujourd'hui et qui représente le « vous » que vous souhaitez devenir. Ajoutez à cela quelques livres de référence que vous utilisez habituellement, accordez-vous le luxe de quelques livres supplémentaires simplement parce que vous les aimez ou que vous aimez les associations qui y sont liées et laissez partir tout le reste.

Faire un don de ces livres à la bibliothèque locale peut être une très bonne idée si vous avez vraiment peur qu'ils puissent un jour vous manquer. Il est très rassurant de savoir que vous pourrez toujours les emprunter en cas de besoin. Et, entre-temps, ils serviront à d'autres plutôt que d'encombrer vos étagères et votre vie. Ce qui est intéressant lorsque l'on donne ses livres à la bibliothèque, c'est que très rarement les gens les empruntent effectivement à nouveau. Une fois qu'ils les ont lâchés, ils trouvent de nouvelles œuvres dans leur vie et oublient ces vieux bouquins.

Les magazines, journaux et articles découpés

J'ai visité un jour une maison dont une pièce complète était remplie de magazines d'aviation que le propriétaire devait trier depuis près de vingt ans pour compléter la collection avec les numéros qui lui manquaient. Il s'est trouvé comme assommé quand je lui ai demandé ce qu'il allait faire lorsque sa collection serait complète. Il a dû réfléchir pendant longtemps avant de se souvenir pourquoi il voulait cette collection. Le but était en fait plus de collectionner les magazines que de les utiliser. Lorsqu'il s'est enfin autorisé à stopper cette collection et à simplement la laisser partir, il m'a écrit pour me décrire quel soulagement cela avait été d'apporter le tout à la déchetterie et comme il était heureux d'avoir à présent une pièce supplémentaire dans sa maison pour inviter ses amis !

Dans le même genre, le bureau d'une femme avait complètement disparu sous une montagne de journaux et de magazines qu'elle gardait pour le jour où elle aurait le temps de les trier et de regarder s'il y avait des articles intéressants. Il y avait aussi trois énormes piles de découpages à côté de son bureau, qui attendaient d'être triés et classés. Quand je lui ai suggéré de jeter le tout pour redémarrer sur de nouvelles bases, une lueur de panique est apparue dans son regard, comme si cela pouvait avoir des conséquences mortelles ! On a pris une minute pour y réfléchir ensemble et elle a réalisé qu'elle avait réellement peur de jeter par erreur un article qui pourrait être essentiel pour sa vie ! C'est exactement la même chose que de garder des objets « au cas où » (un syndrome basé sur la peur). Le destin se chargera de vous apporter exactement ce dont vous avez besoin au moment où vous en avez besoin.

Vouloir apprendre tous les jours de sa vie est merveilleux. Mais on est tellement envahi par une masse d'informations qu'il convient d'être sélectif. Si vous voulez garder des découpages, organisez-les en dossiers que vous tiendrez à jour. Faites des tris réguliers et débarrassez-vous de tout ce qui n'est plus d'actualité. Si vous avez une pile de découpages en attente de tri, donnez-vous une limite de temps raisonnable (disons jusqu'à la fin du mois) et si vous ne les avez pas classés d'ici là, rangez-les directement dans la poubelle. Lorsque vous avez terminé vos magazines, ne les stockez pas. Lisez-les puis déposez-les dans des hôpitaux, des salles d'attente de médecins ou tout autre endroit public où des gens pourront en profiter ; donnez-les à des amis, à la famille ou à des collègues à qui cela fera plaisir ou bien mettez-les tout simplement dans les papiers à recycler.

J'ai incité cette femme à s'asseoir et à faire une liste de toutes les choses qu'elle voulait faire dans sa vie mais qu'elle ne se permettait pas de faire à cause de besognes non terminées telles que celle-ci. Ce petit exercice lui a donné une vision totalement nouvelle de toutes les tâches qu'elle s'était imposées et la décision de ne conserver que la pile la plus récente et de jeter tout le reste était évidente. Lorsque je l'ai revue, elle avait changé de façon remarquable. La sombre mélancolie qui l'entourait avait disparu, et ses cernes avec, et elle était très énergique et vivante. Apparemment elle ne s'était pas contentée de jeter ses découpages, mais elle avait aussi dégagé le désordre dans tout son bureau puis dans sa maison tout entière, ce qui avait totalement revitalisé sa vie.

Les lettres, cartes postales et autres papiers à valeur sentimentale

Cette catégorie de désordre comprend des souvenirs de mariage ou de Noël, des cartes d'anniversaire d'époque, des cartes postales de vacances d'amis, des journaux intimes de vos premières années, des chefs-d'œuvre de coloriages de vos enfants d'il y a vingt ans. Plus le temps passe, plus vous en avez. Vous les regardez rarement mais vous aimez savoir qu'ils sont là.

Mon conseil : gardez les meilleurs et jetez le reste ! Gardez ceux que vous aimez vraiment, ceux qui évoquent pour vous des choses magiques et tendres. Séparez-vous de tout ce que vous gardez par sentiment de culpabilité ou d'obligation, ou de ce qui déclenche en vous des sentiments ambigus ou bien tout simplement de ce que vous possédez en trop d'exemplaires.

J'ai connu une femme qui avait des tiroirs pleins de cartes de Noël et d'anniversaire et qui m'affirmait que leur valeur sentimentale était telle qu'elle ne pourrait jamais s'en séparer. Mais quand on les a regardées ensemble, elle devenait de plus en plus triste, comme si elle était en deuil des heureux temps passés. La décision de les jeter et de se reconstruire une nouvelle vie a été le début de la transformation de la personne seule qu'elle était en une personne socialement ouverte, qu'elle souhaitait devenir.

Si vous avez de grandes quantités de cartes et autres papiers à valeur sentimentale, un seul tri sera rarement suffisant. Vous aurez probablement besoin d'améliorer le résultat en les triant à nouveau ultérieurement. C'est un mécanisme constant et continu, qui peut paraître difficile au début mais qui devient de plus en plus facile au fur et à mesure que vous le faites.

Vos photos

Avez-vous des tiroirs ou des albums remplis de photos ? Profitez de vos photos pendant qu'elles sont d'actualité.

Faites-en des montages pleins de couleurs, mettez-les dans votre porte-monnaie, collez-les sur votre bloc-notes, faites-en des cartes postales que vous enverrez à vos amis. Profitez-en vraiment au maximum tant que leur énergie est fraîche et neuve. Ne gardez pas des photos qui vous rappellent des temps durs du passé. Gardez juste celles qui vous font vous sentir bien en les regardant et débarrassez-vous du reste. Créez de l'espace pour du nouveau et du meilleur dans votre vie.

Dégagez votre bureau

Si vous avez un bureau, qu'il soit chez vous et/ou entreprise, cette partie est pour vous. Faites tout d'abord un simple calcul : calculez le pourcentage de surface visible de votre bureau. Ne trichez pas en rangeant votre bureau avant de faire le calcul. Laissez-le exactement tel qu'il est et vous aurez une estimation correcte de la situation.

Je vois des centaines de bureaux dans mon activité de consultante, aussi bien dans des locaux professionnels que dans des maisons, et généralement leur point commun est qu'il n'y a jamais de place pour que quelqu'un puisse y travailler ! Habituellement, il y a juste un espace libre grand comme une feuille de papier et tout le reste est occupé, soit par des appareils, soit par des piles de papiers en attente.

Dégagez votre bureau ! Sachez que les meilleurs entrepreneurs du monde ont cette habitude : tous conservent leur paperasse à un niveau minimal. Un bureau clair veut dire un esprit clair et un esprit clair a de la vision et de la perspective. Si vous êtes coincé(e) par votre paperasse, c'est exactement là que vous en resterez.

Travailler dans un bureau dégagé augmente la productivité, la créativité et la satisfaction dans votre travail. Une excellente habitude à acquérir est de toujours laisser votre bureau dégagé quand vous arrêtez votre travail. Psychologiquement il est beaucoup plus engageant de commencer une journée avec un bureau dégagé plutôt que recouvert par un tas de paperasse, devant lequel vous vous sentez abattu(e) avant même d'avoir commencé.

Commencez donc à enlever du bureau tout papier qui pourrait distraire votre attention et tous les objets qui ne sont pas absolument nécessaires. Je veux dire qu'il ne faut laisser que ce qui est réellement essentiel, comme un ordinateur, un téléphone, un stylo et un bloc-notes. Rangez sur une étagère ou dans un tiroir les outils moins indispensables, tels que l'agrafeuse, la poinçonneuse, les trombones, les petites peluches et les paquets de gâteaux à grignoter.

Gardez le contrôle de votre paperasse

Voici quelques trucs pour vous aider :

1. Prenez l'habitude de jeter ou de recycler sans pitié autant de papiers superflus que possible, aussi souvent que vous le pouvez.
1. Ne gribouillez jamais de messages pour vous-même sur un bout de papier. Gardez-les tous dans un bloc-notes et transférez régulièrement les informations importantes dans vos dossiers ou sur votre ordinateur.

1. Utilisez les Post-it uniquement pour des choses qui sont vraiment d'actualité. Si vous voulez vous rappeler une tâche, notez-la dans votre agenda ou sur un calendrier. Les Post-it créent du désordre dans votre esprit et vont vous faire plus facilement oublier quelque chose !
1. Tous les papiers concernant vos finances doivent être constamment à jour. Vous aurez beaucoup plus de chances de vivre sans problème financier si vous êtes organisé. Créez un système pour payer vos factures à temps, classez les choses afin de tout retrouver facilement et soyez heureux de chaque facture que vous recevez, car cela signifie qu'on vous fait suffisamment confiance pour vous accorder un crédit. Lorsque vous apprenez à payer ce que vous devez avec autant de joie que quand vous recevez ce qu'on vous doit, vous aurez échangé un stress contre un plaisir dans ce jeu de l'argent que l'homme a créé pour lui-même.
1. Lorsque vous recevez une lettre, écrivez votre réponse à la suite et renvoyez-la. Ainsi le papier n'encombre plus votre bureau, vous aurez fait une économie de temps et d'argent car, plutôt que de taper ou faire taper une réponse, vous aurez répondu immédiatement et non pas attendu toute une semaine. Et ainsi, la personne saura qu'elle a immédiatement attiré votre attention.

Le superflu sur votre disque dur ou en ligne

Le désordre numérique est aussi problématique que son équivalent matériel, plus palpable. Plutôt que d'attendre que votre disque dur ou votre espace de stockage de données en ligne soit totalement plein pour désinstaller des programmes et détruire des documents dont vous n'avez plus besoin, faites-le un peu chaque jour. Parcourez vos fichiers et faites du tri. Réorganisez le système de fichiers de votre ordinateur si nécessaire.

Reprenez le contrôle de votre boîte mail

L'addiction à sa boîte mail concerne de plus en plus de personnes. Voici deux conseils essentiels pour éviter que les emails ne polluent vos journées de travail :

1. Désactivez toutes les notifications qui vous indiquent qu'un nouvel email est arrivé dans votre boîte de réception.
1. Ne commencez jamais votre journée par consulter vos emails, sinon vous risqueriez de passer plusieurs heures à répondre à des emails non urgents et non importants et à la fin de la journée vous aurez l'impression très désagréable de n'avoir rien accompli d'important. Je trouve mes matinées bien plus productives depuis que je ne consulte ma boîte de réception que lorsque j'ai accompli une tâche qui me tenait à cœur. Bien sûr, si pour votre métier, il est important d'être en permanence sur votre boîte mail, n'écoutez pas ce conseil, mais peu de personnes sont réellement dans ce cas.

Chapitre 12

Le désordre en tout genre

Le désordre existe sous toutes les formes et de toutes les tailles. Voici les catégories d'objets que l'on trouve régulièrement cachés dans des coins ou des placards…

Les objets que vous n'utilisez plus

Ce type de désordre s'accumule insidieusement avec le temps. Cela inclut :

1. L'équipement de loisirs périmé (des jeux auxquels plus personne ne joue, des sports que vous ne pratiquez plus, des passe-temps qui ne vous intéressent plus, des jouets trop petits pour vos enfants qui ont grandi, etc.).
2. L'équipement audiovisuel que vous n'utiliserez plus jamais (comme les enceintes d'une chaîne que vous ne possédez plus).
3. Des appareils pour garder la forme, que vous avez consciencieusement achetés pour ne jamais vous en servir, le premier enthousiasme passé.

4. Des appareils de beauté et de bien-être désuets (fer à boucler pour les cheveux, appareils à masser les pieds, etc.).
5. Des vieilles lunettes (des organismes caritatifs pourraient en faire bon usage).
6. Des gadgets que vous avez achetés pour vous simplifier la vie mais qui sont finalement trop compliqués à utiliser.
7. L'équipement de jardin (des tondeuses rouillées, des meubles de jardin miteux, des vieux pots, etc.).
8. Des accessoires de voiture (vieux pneus, pièces détachées diverses, etc.).

Et ainsi de suite. Je ne pourrai jamais donner une liste complète de toutes ces choses étranges et bizarres que les gens gardent dans leur maison et leur jardin. Vous pourrez rire de vous quand vous constaterez quelles sont les vôtres.

Si vous avez des choses auxquelles vous tenez spécifiquement, liées à votre enfance, voici ce que vous pouvez faire et que beaucoup de gens trouvent particulièrement libérateur : photographiez-les pour la postérité et puis jetez-les. Les photos conserveront à jamais ces images réconfortantes, mais ne prendront qu'une infime partie de l'espace que ces choses occupaient auparavant.

Des cadeaux dont vous ne voulez pas

C'est un sujet très sensible pour certaines personnes. Mon meilleur conseil sera cependant : débarrassez-vous-en ! Et voilà pourquoi : les choses que vous aimez vraiment sont entourées d'un champ énergétique fort et vibrant, tandis que les cadeaux dont vous ne voulez pas sont entourés d'énergies mauvaises et problématiques qui vont vous fatiguer plutôt que vous régénérer. Ils diffusent en effet comme une tristesse énergétique dans votre maison.

Quelques personnes sont horrifiées rien qu'à l'idée de les jeter. « Mais que va-t-on faire si tante Odette nous rend visite et que le bibelot hors de prix qu'elle nous a offert n'est pas sur la cheminée ? » Mais cette cheminée est à qui, au juste ? Si vous aimez le bibelot, alors d'accord, mais si vous ne le gardez dans votre maison que par peur ou par obligation, vous renoncez à votre pouvoir, à votre contrôle. Chaque fois que vous voyez cet objet, votre énergie retombe.

Et ne croyez pas que le « ni vu ni connu » pourra vous sauver. Vous ne pouvez pas garder ce bibelot dans un placard pour le sortir uniquement lorsque tante Odette viendra vous voir. Votre inconscient sait que vous avez chez vous cet objet dont vous ne voulez vraiment pas. Avec un bon nombre de ce genre de cadeaux non désirés, votre énergie ressemblera à une passoire et la vitalité s'échappera de partout chez vous.

Rappelez-vous, c'est l'intention qui compte. Vous pouvez être reconnaissant(e) quand on vous offre quelque chose mais sans devoir obligatoirement conserver l'objet. Essayez de développer une nouvelle philosophie pour les cadeaux. Lorsque vous offrez quelque chose, offrez-le avec amour et puis lâchez-le. Accordez aux destinataires du cadeau la totale liberté d'en faire ce qu'ils veulent. Et si la meilleure chose qu'ils peuvent faire est de le mettre directement dans la poubelle ou de l'offrir à quelqu'un autre, grand bien leur fasse (car vous ne voulez pas créer du désordre chez eux avec des cadeaux qu'ils n'aiment pas, n'est-ce pas ?). Donnez cette liberté aux autres et vous prendrez bientôt plus de liberté pour votre propre vie.

Des choses que vous n'aimez pas

Ce sont des objets que vous avez achetés mais que vous n'avez jamais réellement aimés. Généralement vous les gardez jusqu'à ce que vous ayez le temps ou les moyens de vous acheter quelque chose de mieux.

Un exemple : je n'ai jamais aimé faire du repassage. J'avais un fer à repasser tout à fait correct, mais qui ne me donnait aucune envie de repasser et je faisais vraiment des efforts pour ne porter que des vêtements qui n'avaient pas besoin d'être repassés. Puis un jour, chez une amie, j'ai découvert la perle des fers à repasser ! Certes, il coûtait deux fois plus cher que le fer standard que j'avais, mais quelle joie ! J'ai découvert de nouvelles dimensions, insoupçonnées, au repassage. J'en ai acheté un tout de suite et, à la maison, j'ai repassé avec joie toute ma garde-robe. Pour la première fois de ma vie, le repassage devenait un plaisir.

Ne vous contentez pas du second choix. Si vous ne vous nourrissez qu'avec le meilleur, cela attirera le meilleur dans d'autres domaines de votre vie. Si vous avez des difficultés financières et que vous vous débrouillez tout juste avec ce que vous avez, aimez ces choses-là, soyez reconnaissant pour ce que vous avez mais conservez l'intention de les remplacer au plus vite par des objets qui vous inspirent plus. La plupart des gens sont étonnés, mais une fois que l'on s'y est vraiment résolu, cela devient possible.

Des affaires qui doivent être réparées

Les choses qui doivent être réparées sont une saignée énergétique. Tout ce que vous possédez est énergétiquement dans votre périmètre. Vous pouvez repousser tout ce que vous avez à faire mais votre inconscient garde trace de tout cela et, chaque fois que vous tombez sur un de ces objets ou quelque chose qui vous les rappelle, votre énergie retombe.

Disons que vous avez une chaise avec un pied endommagé. Il y a bien longtemps que vous ne le regardez plus consciemment, mais vos yeux cependant le *voient*, votre cerveau l'enregistre et tout votre corps ne manque jamais de réagir énergétiquement. Si vous vous promettez de faire quelque chose mais ne le faites pas, vous affaiblissez encore plus le pouvoir et la vitalité de votre corps.

Je connais une femme qui vit dans une grande maison où presque tout est à réparer. Certes, elle est mère célibataire avec un petit revenu, mais c'est une femme habile qui pourrait effectuer des réparations si elle le voulait. Le manque de soin et de respect pour sa propre maison reflète le manque de soin et de respect qu'elle a envers elle-même. Quand vous vous occupez de votre maison et que vous en prenez soin, vous vous aimez et vous vous respectez aussi vous-même.

Regardez les réparations et améliorations que vous faites dans votre maison comme un investissement sur vous-même. Et débarrassez-vous des choses qui sont au-delà de votre capacité de réparation, ou trouvez-leur un nouveau propriétaire prêt à les réparer.

Les problèmes en double

J'ai fait un jour une consultation pour une célibataire fanatique du désordre, dont les parents défunts étaient encore plus désordonnés qu'elle et lui avaient légué tout ce qu'ils avaient. Elle avait donc deux bouilloires, deux services de couverts, deux de casseroles, deux exemplaires de tout dans sa maison saturée. En vérité, elle avait plutôt trois ou quatre exemplaires de chaque objet. Et il n'y avait simplement plus d'espace. Pourtant, elle n'arrivait pas à jeter quoi que ce soit, parce que la plupart des objets pouvaient encore servir pendant des années. Sa maison était énergétiquement tellement encombrée qu'il était littéralement difficile de respirer et toute sa vie était au point mort, pendant qu'elle continuait courageusement à vivre au milieu des affaires de sa famille et de ses propres affaires.

Vérifiez dans vos placards combien d'exemplaires d'un même objet vous possédez. Si vous avez de la place, d'accord mais si ce n'est pas le cas, c'est qu'il est temps de purger.

Le désordre en héritage

La personne qui vous a transmis son désordre est maintenant dans un monde spirituel, où il n'y a pas d'attachement au monde matériel et donc aux objets ! Elle comprendra votre besoin de vous en séparer. Si vous n'aimez pas un objet ou s'il vous est inutile, laissez un autre en hériter de vous dès à présent.

Des boîtes

Je n'oublierai jamais la tête d'un déménageur qui soulevait une de mes grosses caisses en s'attendant à ce qu'elle soit aussi lourde que les autres – et tomba en arrière. Je collectionnais alors en cachette des boîtes vides !

Je suis Cancer et tous les crabes tels que moi trouvent les boîtes tellement satisfaisantes et sécurisantes ! Je suis souvent plus heureuse du paquet que du cadeau lui-même ! Mais cette passion peut prendre beaucoup de place et, en termes de Feng Shui, accumuler l'énergie de « boîtes vides » dans un endroit de la maison n'est pas vraiment idéal. Aujourd'hui je limite strictement le nombre de boîtes que j'ai à la maison et je m'assure de leur réelle utilisation.

Quand vous achetez un appareil, gardez la boîte jusqu'à la fin de la garantie et puis jetez-la. Ne gardez pas la boîte à tout jamais, « au cas où » vous déménageriez et en auriez besoin. Vous pourrez très bien transporter l'appareil dans un carton de déménagement classique.

Un autre conseil : quand vous devez stocker des boîtes pour une raison ou une autre, démontez-les et pliez-les à plat. Elles prennent ainsi moins de place et vous ne conservez plus cette énergie « vide ».

Les objets non identifiés

Chacun en a, en particulier dans le tiroir à bazar. Dans cette catégorie on peut trouver des trucs indéfinissables que vous avez gardés pendant des années, des crochets pour fixer aux murs des appareils que vous ne fixerez jamais ou que vous ne possédez même plus, des fragments bizarres d'objets inconnus, des élastiques qui sont tombés d'on ne sait où, et ainsi de suite. Rien que des candidats à la poubelle.

Adieu les objets trop encombrants

Quand vous évacuez votre désordre, n'oubliez pas les gros objets – ce buffet affreux que vous avez toujours détesté, le piano qui encombre le salon et que personne ne joue, la voiture en train de rouiller dans le fond de la cour ou la plante crasseuse, vieille de vingt ans, qui prend la poussière dans un coin.

Ces choses-là sont si grandes et les bouger est un tel défi que vous avez appris l'art de regarder au travers, comme si elles n'existaient plus. Vous pourriez continuer ainsi pour toujours mais, ne vous en déplaise, plus ces objets sont gros plus ils bloquent votre énergie et plus il est primordial de les retirer de chez vous. D'autant plus si leur symbolique entrave activement le progrès dans votre vie. Une voiture qui rouille dans la zone « prospérité » de votre jardin va certainement affecter vos finances, une plante dégoûtante dans la zone de votre carrière vous assommera de fatigue et vous rendra léthargique dans votre vie ou votre travail, des meubles qui ne servent à rien dans n'importe quelle zone de votre Ba-ga vont y créer des obstacles et ainsi de suite...

Peut-être n'avez-vous pas accumulé du bazar outre mesure, mais peut-être est-ce votre maison qui est tout simplement trop petite pour toutes les choses que vous y avez mises. C'est souvent le cas lorsque vous déménagez d'une grande maison vers une plus petite et tentez tout de même d'y caser toutes vos affaires. Ou si vous acceptez des meubles en cadeau ou bien si vous en conservez en attendant de déménager dans un appartement plus grand. Dans tous ces cas, réfléchissez de manière réaliste et videz. Si votre maison est si pleine d'objets qu'il n'y a carrément plus de place pour les gens qui y vivent, vous aurez alors la sensation que votre vie vous est dictée, imposée. En dégageant l'espace, vous laissez le champ libre à de nouvelles opportunités.

Lisez les annonces sur Internet ou postez-en-une et vous trouverez probablement quelqu'un qui sera ravi de vous débarrasser de tous ces objets trop gros et superflus – et qui va peut-être même vous payer pour cet honneur ! Si cela ne marche pas, vous devrez peut-être payer quelqu'un pour les enlever. Ou embauchez vos amis et la famille pour les démonter et les porter à la déchetterie. Une fois qu'ils seront partis, vous serez enchanté(e) de la différence et vous allez même vous demander comment vous avez pu vivre pendant toutes ces années avec tous ces objets !

Chapitre 13

Le bazar des autres

Vous pouvez prendre beaucoup de liberté avec votre famille, vos amis et vos collègues, mais tentez de toucher, ne serait-ce que du petit doigt, à leur bazar et vous verrez les réactions ! On me demande très souvent que faire du bazar des autres, en particulier de celui des personnes avec lesquelles on vit.

Le bazar de son conjoint

Le seul fait de discuter du désordre avec votre partenaire peut très vite faire remonter à la surface des problèmes de votre relation qui ont été enfouis depuis longtemps. Grogner, se disputer, menacer ou donner des ultimatums, tout rend la personne qui a un désordre encore plus butée. Et ne rangez JAMAIS, AU GRAND JAMAIS, leur bazar à moins d'en avoir reçu expressément la demande. Les gens sont émotionnellement profondément attachés à leur désordre et peuvent être contrariés ou même furieux si quelqu'un ose y toucher.

Comprenez que vous ne pourrez jamais changer les autres. La seule personne que vous pourrez changer, c'est vous-même. J'enseigne ce sujet depuis des années et je n'ai trouvé que deux remèdes efficaces quand il s'agit du désordre des autres. Les voilà :

L'éducation

Les gens doivent vraiment comprendre les problèmes du désordre pour être potentiellement motivés à changer quelque chose ! Voilà pourquoi, dans mes cours, je vois réapparaître des personnes, venues quelques mois plus tôt, qui traînent leur partenaire afin qu'il (ou elle) puisse aussi entendre ce que j'ai à dire. J'ai écrit ce livre en partie pour eux pour qu'on n'ait pas besoin de les traîner à un de mes cours !

Montrer l'exemple

Généralement, dès que quelqu'un se met à se débarrasser de son bazar, des personnes de son entourage commencent subitement à faire la même chose, sans qu'on leur ait dit quoi que ce soit. Souvent, il n'y a même aucune communication verbale. D'une manière ou d'une autre vos proches reçoivent le message, même s'ils vivent loin.

Une histoire inoubliable m'a été racontée par une dame qui avait lu mon livre et avait commencé avec enthousiasme à dégager sa maison. Cette action lui a demandé plus de deux semaines. Pendant ce temps, son grand-père, qui vivait à plus de quatre cents kilomètres d'elle et avec qui elle n'avait plus été en contact depuis un bon moment, a surpris toute la famille en évacuant le désordre des quarante dernières années de son abri de jardin !

Tout aussi incroyable : pendant qu'une autre femme participait à un de mes stages d'un week-end, son mari a spontanément décidé de vider toute la maison et a passé une journée entière à faire six allers-retours à la déchetterie avec sa voiture pleine à craquer !

La première praticienne en purification de l'espace que j'ai formée m'a éclairée un jour sur les problèmes du désordre dans les relations de couple. Elle vivait évidemment une vie très ordonnée, mais le continuel désordre sur le bureau de son mari commençait à vraiment l'agacer. Puisque cela faisait partie de sa vie, elle savait que cela ref était nécessairement une partie d'elle-même mais elle ne parvenait pas à trouver laquelle. Puis un jour elle a réalisé que son mari très désordonné extérieurement, était en fait très ordonné et organisé intérieurement. Et que c'était l'inverse pour elle-même. Dès qu'elle a compris cela, elle s'est efforcée de changer et d'être plus organisée dans sa tête, et son mari a subitement décidé qu'il était temps de ranger son bureau et de le conserver rangé !

Les enfants et le désordre

D'où sortent-ils tout ce bazar ? Le désordre des enfants semble s'amplifier et se propager partout si on ne le contrôle pas !

Une des choses les plus importantes à transmettre à un enfant est la confiance en soi. Quand un enfant se sent aimé, en sécurité et heureux, il n'a pas de besoin de « choses ». Donnez-lui de la force en le rendant conscient du désordre dès sa plus tendre enfance, afin qu'il ne devienne pas victime du désordre à l'âge adulte.

Commencez par apprendre à vos enfants à ranger derrière eux. Quand ils ont un nouveau jouet, décidez ensemble où sera sa place afin qu'ils sachent exactement où le ranger ensuite. Faites-leur régulièrement trier les jouets qui ne servent plus et ceux qu'ils veulent garder. Mais il faut que ce soit leur choix. Certaines affaires peuvent vous paraître dépassées, mais elles peuvent avoir une énorme importance pour votre enfant et servir encore des années.

Si votre enfant semble intraitable, dites-vous bien que tous les enfants reproduisent l'inconscient de leurs parents et qu'au lieu de leur faire continuellement des remarques, vous auriez intérêt à régler tout d'abord vos propres problèmes de désordre.

Le désordre des adolescents

Avec toutes ces hormones qui chamboulent leur corps, on peut comprendre que garder sa chambre rangée n'est pas exactement le souci principal d'un adolescent. S'ils n'ont pas pris l'habitude de vivre sans désordre, ils ont déjà assez à faire comme ça. Le chaos et le désordre d'un adolescent reflètent généralement ses troubles intérieurs.

J'ai participé une fois à une émission sur MTV où je répondais à des questions de jeunes sur l'utilisation du Feng Shui dans leur vie. En fait, leurs trois principales préoccupations étaient « comment réussir les examens », « trouver des copains » et « se débarrasser des parents » ! La plupart des adolescents ressentent plus ou moins le besoin d'une sphère intime, tant émotionnelle que physique, et les parents doivent respecter cela, autant que les adolescents doivent respecter l'espace de leurs parents. Cela dit, on peut raisonnablement arriver à un accord afin que leur désordre ne se limite qu'à certaines pièces et qu'ils y fassent un tri régulier.

Les affaires des amis et de la famille

Il arrive que des gens ordonnés conservent des objets pour des amis, des membres de leur famille ou des voisins. « Tu peux me garder ce canapé pendant mon voyage en Nouvelle-Zélande ? » Deux ans après, vous attendez toujours le retour de votre copain et le canapé a pris racine !

Réfléchissez bien avant d'accepter d'encombrer votre propre espace et, si vous le faites, imposez au minimum une date limite. « D'accord, je te garde ton canapé, mais si tu n'es pas de retour dans x mois, il se transformera en feu de cheminée/ira chez Emmaüs/ou quoi que ce soit d'autre. » Énoncez un accord très clair sur ce qui arrivera avec le canapé et ainsi, votre amitié ne souffrira pas si les choses ne se passent pas comme prévu.

Récemment, une amie australienne m'a raconté que, quand elle vivait à l'étranger, elle avait stocké ses affaires pendant des années puis avait payé cinq cents euros pour les déménager et, finalement, les avait vendues pour quarante euros ! Dites-vous bien que la plupart des objets que les gens vous demandent de garder pour eux ne valent même pas les cartons dans lesquels ils sont rangés et vous aurez ainsi moins de mal à refuser de garder leur bazar.

Chapitre 14

Le désordre et la symbolique du Feng Shui

Une des plus grandes motivations pour se débarrasser de tout son un bric-à-brac apparaît lorsqu'on réalise à quel point il ne nous est pas bénéfique. La symbolique autour de vos affaires peut vous affecter de deux manières : par les associations personnelles que vous pouvez faire avec un objet et par les ondes émises par l'objet lui-même.

Les associations négatives

Si des objets dans votre maison déclenchent en vous des associations négatives, peu importe qu'ils peuvent encore servir, ils encombrent votre espace et votre esprit.

Les associations personnelles et douloureuses

Un de mes ex avait l'habitude de donner des coups de pied chaque fois qu'il était de mauvaise humeur et, un jour, c'est mon magnétoscope qui y a eu droit. Notre relation n'a pas duré longtemps mais j'ai gardé le magnétoscope. Ensuite, chaque fois que je m'en servais, je voyais l'endroit endommagé, même s'il fonctionnait parfaitement. Cela a duré environ un an, jusqu'au jour où je l'ai regardé, me suis souvenue de l'incident et j'ai alors décidé que je ne voulais plus jamais me le rappeler d'une manière ou d'une autre. Je suis immédiatement sortie en acheter un autre et j'ai donné le vieux à une copine qui en avait besoin et qui était très contente. Elle ne savait pas du tout pourquoi il manquait un petit bout de plastique et s'en moquait car, pour elle, un magnétoscope légèrement imparfait était bien mieux que pas de magnétoscope du tout ! Pour moi, cependant, l'association négative que je faisais avec cet objet affaiblissait mon énergie chaque fois que je le regardais et j'étais soulagée de m'en débarrasser.

Les associations dépassées

Parfois les associations personnelles ne sont pas négatives mais tout simplement dépassées. Par exemple, quand je vais faire une consultation chez quelqu'un qui veut trouver une nouvelle relation amoureuse, il n'est pas rare que je trouve dans sa maison beaucoup de choses qui appartenaient à l'ancien partenaire ou qui ont été offertes par lui, ou bien encore des objets qui lui rappellent cette relation, dont ils n'ont finalement pas encore fait le deuil. Qu'ils aient conscience ou non de cette association, leur énergie est constamment ramenée en arrière et il leur est ainsi très difficile de créer des relations nouvelles.

Si par exemple 50 % de vos meubles et objets sont associés à une période de votre vie que vous souhaitez laisser derrière vous, alors 50 % de votre énergie est reliée au passé et n'est pas disponible pour le présent. Vous pouvez essayer ce que vous voulez, mais les progrès seront lents. De même, si votre maison est pleine de meubles, d'objets ou d'autres bibelots qui vous rappellent constamment des amis ou de la famille avec qui vous avez des relations difficiles ou inconfortables, ces associations vont avoir sur vous un effet tel que vous vous sentirez triste et fatigué.

C'est pourquoi il est important de commencer chaque nouvelle relation dans un endroit où aucun des deux n'a vécu auparavant. Les chances sont contre vous si vous vivez dans un endroit où l'un des deux conserve de vieux souvenirs, et des associations.

Une séance approfondie de purification de l'espace va libérer vos affaires de tous les résidus d'énergies anciennes, mais elle ne pourra rien quant aux associations mentales et émotionnelles que vous déclenchez lorsque vous les regardez. Une manière de gérer cela consiste à investir du temps, de l'énergie et à forger de nouvelles connexions, plus fortes, plus heureuses et plus positives, jusqu'à effacer totalement les anciennes associations. J'ai par exemple connu une femme qui peignait tous les meubles victoriens hérités de sa grand-mère en bleu clair et jaune pour les harmoniser au reste de sa décoration et cela fonctionnait parfaitement. Pendant qu'elle le peignait, elle insufflait intensément au meuble toute la joie et tout l'amour dont elle disposait, ce qui devenait ensuite pour elle l'association la plus forte et la plus présente.

L'autre manière est de jeter le tout et de recommencer à zéro. Je l'ai fait deux fois dans ma vie et les deux fois ont été une expérience très difficile, certes, mais aussi incroyablement régénératrice ; un vrai tournant pour moi. Ma vie le demandait, mais la plupart des gens n'ont pas besoin d'être aussi extrêmes. Essayez au moins de remplacer progressivement les objets dont les associations sont pour vous les plus contre-productives.

Les ondes énergétiques

J'ai depuis longtemps la capacité de sentir les effets d'un tableau ou d'une photo quand je le regarde. L'autre jour, je lisais un livre de John Diamond, *Le corps ne ment pas* (éd. Le Souffle d'or, 1997), où il explique ma méthode ! Par exemple, il montre une photo de Winston Churchill avec une expression du visage particulière et explique que, « en regardant cette photo, on peut diagnostiquer une faiblesse du méridien du foie ». Sur une autre photo représentant un autre individu, « on peut voir une faiblesse du méridien du cœur », etc. Il a découvert les états émotionnels positifs et négatifs qui sont associés à chacun des canaux énergétiques de notre corps.

La médecine chinoise nous apprend que nous avons douze paires de méridiens à travers lesquels l'énergie parcourt notre corps. L'acupuncture est fondée sur l'harmonisation et l'équilibre du flux énergétique dans ces méridiens afin de revitaliser les organes vitaux auxquels ils sont connectés. Le Dr John Diamond conclut dans ses recherches que l'activité de ces canaux d'énergie, et donc notre état de santé général, sont très fortement influencés par les états émotionnels, qu'ils soient positifs ou négatifs. Le foie est affaibli quand vous êtes malheureux et est renforcé quand vous êtes joyeux, le méridien du cœur est affaibli par la colère et renforcé par l'amour et le pardon, la rate est diminuée quand on se fait du souci pour l'avenir et se renforce quand on a confiance, et ainsi de suite. Ces études sont fascinantes et je vous recommande le livre.

L'application de ces découvertes sur l'équilibre du flux énergétique au Feng Shui m'a beaucoup impressionnée. J'ai trouvé tant de fois lors de consultations, à une position stratégique dans la maison, un tableau, une photo, une peinture, un poster, une statue ou d'autres objets de décoration dont l'onde énergétique empêchait de la réalisation des rêves de la personne. Une femme avait un énorme portait tristounet d'elle-même, peint en couleurs sombres, à l'emplacement le plus important de son salon, juste à côté de la porte de sa cuisine. Elle voyait ce portrait des centaines de fois par jour et, vu comme ce tableau m'affectait dans mon propre corps, j'ai tout de suite su qu'elle était dépressive. Ce tableau lui avait coûté si cher qu'elle hésitait à s'en séparer mais je l'ai persuadée de l'enlever pendant au moins un mois. Elle a été étonnée de voir à quel point elle se sentait mieux sans lui et ne l'a jamais remis.

Arrangez votre maison en fonction des effets symboliques

À présent, vous devez regarder toutes vos affaires et vous demander : « Que dit symboliquement telle chose ? Comment m'affecte-t-elle énergétiquement ? Crée-t-elle l'effet que je désire ou pourrais-je faire mieux ? »

Commencez par éliminer tout ce qui tire votre énergie vers le bas, comme les objets « tombants » (plantes, décorations, etc.). C'est particulièrement important si vos plafonds sont bas et écrasent déjà votre énergie.

Comptez ensuite. Avez-vous arrangé les choses isolées, par paires ou bien par groupes ? Si tous vos objets sont esseulés, la vie vous accordera certainement des expériences solitaires. Si vous préférez avoir un partenaire, réglez l'énergie de votre maison en plaçant les objets par paires. Les couples heureux ont tendance à tout acheter par deux, simplement parce que cela leur semble évident (allez leur demander !). Si vous êtes célibataire, cela va vous paraître étrange au début de ranger les objets par paires. Vous aurez besoin de faire des efforts jusqu'à ce que cela devienne une seconde nature.

Une autre façon de regarder le symbolisme dans votre maison est le Ba-ga du Feng Shui. Vérifiez que chaque zone de votre maison et de chaque pièce a une symbolique appropriée, qui vous épaule dans vos objectifs et vos envies.

Je me souviens d'une femme qui me disait qu'elle se disputait toujours avec son patron et voilà que je vois dans la zone « carrière » de sa maison une grande toile avec une scène de bataille. Une autre femme a remarqué que le coin de la prospérité de sa chambre avait toujours l'air très vide, elle est donc sortie pour s'acheter un énorme bouquet de fleurs. Quand son mari est rentré dans la soirée, il lui a offert pour la première fois en vingt-cinq ans un bon cadeau de mille cinq cents euros à dépenser selon son envie !

Regardez tout dans votre maison et demandez-vous : « Qu'est-ce cela symbolise et comment je me sens ? »

Les explications détaillées du prochain chapitre vont vous aider à trier vos affaires beaucoup plus facilement.

PARTIE 3

SE DÉBARRASSER DE SON DÉSORDRE

Chapitre 15

Comment faire disparaître votre désordre

Voici trois méthodes, testées et éprouvées, pour gérer votre désordre :

1. La méthode « Laissez la nature s'en charger » (aussi connue sous la forme « ne pas prendre de décision »). Mettez le tout dans un endroit où il se va se décomposer jusqu'au point où vous n'en voudrez plus. Un jour, j'ai rencontré un homme qui était en vacances très loin de chez lui et qui m'a dit : « J'ai dégagé plein de bazar et j'ai mis tout le reste dans un abri de jardin. J'espère que tout sera tellement moisi quand je rentrerai qu'il faudra tout jeter. »

2. La méthode « Attendez de mourir et laisser votre famille s'en charger ». Le grand favori durant des siècles. Vous pouvez même rédiger un testament pour dire exactement aux gens quoi faire avec le tout !

3. « Prenez la responsabilité du tout et évacuez-le vous-même ! » Voilà la méthode que je recommande.

C'est beaucoup plus glorieux, vous procure un meilleur karma et vous permet d'avancer immédiatement dans votre vie plutôt que d'attendre que vous ou votre bazar expirent !

Comment s'y mettre ?

La partie la plus rude est sans aucun doute de surmonter suffisamment son inertie pour démarrer. Une fois enclenché, le processus libère plus d'énergie qu'il n'en consomme, ce qui va vous permettre de continuer. Toute cette énergie stagnante enfermée dans le bazar se libère afin que vous puissiez l'utiliser de façon plus positive. Et plus vous évacuez du désordre, plus cela va devenir facile car vous réalisez à quel point vous vous sentez bien quand vous l'avez fait et vous connaissez les bénéfices qui s'ensuivent.

Ma règle générale est de commencer à trier *maintenant*, comme si je devais déménager demain et devais aboutir au minimum à un ou deux sacs-poubelle de choses à jeter. Ma vie fonctionne beaucoup mieux ainsi. Ce n'est pas une discipline à laquelle je m'efforce, mais quelque chose qui a tellement de sens pour moi que je ne voudrais pas vivre autrement. Et je ne suis pas non plus une fanatique – j'y consacre juste régulièrement un peu de temps afin que les choses restent gérables.

Voici donc quelques indications pour démarrer le grand débarras du désordre !

Gérer ses pensées et émotions

Ce livre n'a pas pour objectif de vous dicter ce que vous « devez » faire, mais il vous explique en quoi garder un désordre peut vous affecter afin que, désormais, vous puissiez faire votre choix en toute connaissance de cause.

« Devoir » est un verbe qui retire vraiment toute autonomie. Lorsque vous l'utilisez vous vous sentez coupable et sous le poids d'une obligation. Mon conseil est d'éliminer ce mot de votre vocabulaire et de le remplacer à partir de maintenant par le verbe « pouvoir ».

Essayez de voir la nuance : « Je *devrais* commencer à me débarrasser de mon désordre aujourd'hui » ou « Je *pourrais* commencer à me débarrasser de mon désordre aujourd'hui. »

« Pourrais » vous met dans une position de puissance, vous laisse le choix et vous aurez ainsi tout le mérite pour un bon travail effectué. « Devrais » vous déprime, vous donne le sentiment d'être fautif et vous donne peu ou pas de joie à réaliser la tâche.

Je suggère aussi que vous remplaciez « ne peux pas » par « ne vais pas ». Et vous ferez là encore des progrès. À nouveau, voyez la nuance : « Je ne *peux* pas décider si je garde telle chose ou pas » ou « Je ne *vais* pas décider si je garde telle chose ou pas. » Avec « je ne peux pas » vous êtes sans ressource ni espoir. Avec « je ne vais pas » vous exprimez une décision comme quelqu'un qui a le choix et puis, si vous vous demandez ensuite pourquoi vous ne voulez pas vous séparer de telle ou telle chose, vous allez découvrir un blocage inconscient que vous n'aviez jamais réalisé auparavant. « Je ne *vais* pas décider si je garde cela ou si je le jette parce que cela fait remonter à la surface toutes les émotions liées à ma mère/mon père/mon conjoint… », et ainsi de suite.

Dans ce cas, vous avez encore du travail, mais au moins, maintenant, vous êtes honnête avec vous-même.

Le meilleur moment pour s'y mettre

N'importe quel moment est le meilleur moment. La plupart du temps, c'est à l'intérieur de la maison, vous pouvez donc le faire de jour comme de nuit, à tout moment de l'année, qu'il pleuve ou qu'il neige. Cela étant dit, si vous lisez ce livre au printemps, cela peut vous paraître plus simple de vous y mettre. Un instinct naturel nous pousse en effet à faire un bon nettoyage à cette époque de l'année, lorsque tout pousse et renaît dans la nature.

Un autre bon moment est le retour des vacances. Vous avez une perspective différente à ce moment-là et il vous est plus facile de prendre des décisions plus réalistes sur ce que vous devez vraiment garder. C'est aussi valable quand on déménage, quand on est en convalescence ou quand on démarre une nouvelle activité ou toute nouvelle période, d'une manière ou d'une autre. Mais ne prenez pas cela comme prétexte pour ne pas commencer tout de suite. Je le répète, n'importe quel moment est le meilleur moment !

La plupart des gens ont des moments préférés dans la journée pour s'activer. Pour moi, c'est tôt le matin. Trouvez quand vous êtes le plus décidé et évacuez les choses à ce moment-là.

Je recommande généralement de faire un tri important une fois par an et, si vous voulez vraiment que votre vie fonctionne bien, vous devez constamment rester vigilant. Évacuez le plus gros au début et gardez le reste pour la suite.

À quel rythme ?

Les degrés et les types de désordre diffèrent d'une personne à l'autre, tout comme leur niveau de motivation ! J'ai remarqué chez les gens deux manières d'approcher le désordre : il y a ceux qui vont lire ce livre, annuler tous leurs rendez-vous et traverser leur maison comme une tornade, en triant avec délectation et les autres qui le feront par étapes.

Si vous avez besoin de plus de temps, acceptez-le, tout simplement. Peut-être que vous êtes trop occupé, stressé ou simplement trop dépassé par la masse de votre désordre. Progressez à votre rythme, quel qu'il soit, et faites-en un peu à la fois. N'oubliez pas cependant les points suivants :

1. **Si vous êtes occupé,** souvenez-vous aussi que, quelque part, vous trouvez le temps d'acquérir tout ce bric-à-brac, vous pouvez donc aussi bien trouver le temps de vous en débarrasser.
2. **Si vous êtes stressé,** sachez que se débarrasser de son bazar est l'une des meilleures thérapies qui soient contre l'anxiété, le stress et les soucis.
3. **Si vous vous sentez dépassé,** vous ne le serez pas si vous suivez cette démarche simple et facile qui a déjà aidé des milliers de personnes à alléger leur poids, y compris des personnes bien plus désordonnées que vous.

Faites une liste

Dans un premier temps, faites un tour de la maison avec un carnet et un crayon et notez toutes les zones de désordre dans chacune des pièces. Si vous n'êtes pas à la maison (ou paresseux !) fermez les yeux et déplacez-vous virtuellement de pièce en pièce. La plupart des gens se rendent compte qu'ils savent exactement où se trouve le désordre.

Puis prenez un autre bout de papier et réécrivez votre liste, par ordre croissant, des tas les plus petits jusqu'aux monstrueuses montagnes de désordre. Les zones les plus petites pourraient être derrière des portes, les tiroirs, le placard de la salle de bains, les petites étagères, les sacs à main, les attachés-cases, les boîtes à outils. Les zones moyennes seraient les armoires, les placards de cuisine, les bureaux, les armoires à dossiers... Les grosses zones seraient les débarras, les caves, les greniers, les abris de jardin, les garages et tous ces espaces remplis de désordre qui vont clairement nécessiter plus de temps pour être dégagés.

Maintenant marquez les zones qui vous exaspèrent le plus : voila par où commencer, en partant des plus petites zones et en allant vers les plus grosses. Offrez-vous quelques succès faciles au début car vous serez inspiré et encouragé pour attaquer plus tard les plus gros secteurs. Lorsque vous aurez ressenti à quel point vous vous sentez bien après avoir attaqué ces zones de désordre qui vous tapent vraiment sur les nerfs, vous serez encore plus motivé pour avancer vers ces autres forteresses où vous souhaiteriez que tout le désordre puisse disparaître de lui-même.

Motivez-vous !

Un autre moyen fort pour se motiver est le Ba-ga du Feng Shui (voir chapitre 8) pour vérifier quels sont les éléments de votre vie que vous avez le plus sabotés en accumulant un désordre dans une partie spécifique de votre maison. La plupart des personnes sont étonnées de la précision de ce système. Puis réfléchissez pour savoir comment vous aimeriez que ces aspects de votre vie soient à l'avenir. Garder cela en tête aide réellement à démarrer et à ne pas abandonner avant d'avoir terminé.

La purification de votre espace

Ce livre a pour but de vous motiver à vous débarrasser de votre désordre et il devrait suffire en lui-même. Mais si vous manquez malgré tout de motivation ou que l'ampleur de la tâche vous paraît insurmontable, il sera alors peut-être utile de faire une cérémonie de purification de l'espace pour vous aider à lancer le processus. Pour cela vous trouverez des informations nécessaires dans premier ouvrage, *L'harmonie de la maison par le Feng Shui*. Idéalement, mieux vaut évacuer votre désordre en premier, mais si cela vous demande vraiment de gros efforts, faites la cérémonie tout de suite, juste pour faire bouger l'énergie des lieux. Plus tard, quand vous vous serez débarrassé du désordre, vous pourrez refaire une purification de l'espace afin de consacrer votre lieu de vie.

Les préparations finales

Maintenant que vous avez une idée un peu plus précise du volume de désordre dont vous voulez vous débarrasser, il faut vous organiser pour le sortir de votre maison. À moins de décider de louer une benne et d'y aller à fond, procurez-vous simplement quelques cartons et/ou sacs-poubelle. Ils seront votre petite armée d'assistants.

Si vous utilisez des boîtes, vous en aurez essentiellement besoin de quatre types :

1. **Une boîte déchets** pour les détritus purs et durs, tous destinés à la poubelle.
2. **Une boîte réparations** pour les choses qui ont besoin d'être réparées, transformées,

rénovées, etc. N'y déposez que des objets que vous aimez et que vous utiliserez avec certitude et imposez-vous une date limite pour leur réparation.

3. **Une boîte recyclage** pour tout ce qui sera recyclé vendu, échangé, offert, etc.
4. **Une boîte de transit** pour les affaires qui vont changer de place dans votre maison (une autre pièce ou un autre endroit que vous ne leur avez pas encore créé, parce qu'il faut d'abord le dégager !).

Tant que vous n'avez pas un peu d'expérience, il vous faudra probablement une cinquième boîte :

5. **Une boîte dilemme** pour toutes les choses dont vous ne savez pas encore si vous allez les garder ou non.

Au fur et à mesure que vous progressez, vous aurez peut-être besoin de créer des sous-catégories pour votre boîte recyclage, telles que :

1. **Une boîte cadeaux** pour tout ce que vous voulez offrir à des amis ou à des membres de la famille.
2. **Une boîte dons** pour des organismes caritatifs, des écoles, des bibliothèques, etc.
3. **Une boîte à retourner**, pour tout ce que vous devez rendre à leur légitime propriétaire.
4. **Une boîte vente**, pour ce que vous pouvez vendre ou échanger.

Et des boîtes spécifiques de recyclage : papier, verre, emballages, etc.

Le grand débarras commence !

Choisissez en tout premier une petite zone. Un tiroir ou un petit placard est idéal. Offrez-vous la satisfaction de le rayer de votre liste une fois débarrassé. La plupart des gens se sentent vraiment bien quand ils ont terminé une zone, ils en attaquent alors une autre, puis peut-être encore une autre. Chaque petite zone que vous évacuez vous libère de l'énergie pour en faire encore plus. Progressez à votre rythme. Cela peut prendre quelques heures, quelques jours, quelques semaines ou quelques mois en fonction du volume que vous avez à retirer et de votre empressement à le faire. Souvenez-vous : la vitesse à laquelle les transformations positives vont apparaître dans votre vie est relative à l'enthousiasme et à la détermination avec lesquels le désordre aura été éliminé !

Quand vous aurez terminé quelques-unes des zones les plus modestes, commencez les moyennes puis attaquez-vous finalement aux grandes, mais là aussi, découpez-les en petits bouts afin que cela reste gérable. Divisez vos placards en sections, vos pièces en zones. Vous pouvez faire de même dans toute votre maison et gagner ainsi en assurance.

Quand vous triez des affaires, ne créez PAS une pile d'objets dans l'intention de décider plus tard où les mettre ! Prenez chaque objet et décidez tout de suite où il ira. Il part ou il reste ? S'il part, mettez-le dans la boîte déchets ou dans la boîte recyclage. S'il reste, mais qu'il a besoin d'un coup de jeune, mettez-le dans la boîte réparations. Pour toutes les choses restantes, décidez de leur place et rangez-les immédiatement ou déposez-les dans la boîte de transit. La boîte de transit est habituellement plus sûre car il y a moins de risques que vous soyez distrait en la rangeant en une fois qu'en rangeant chacun des objets un à un. À la fin de chaque séance, promenez-vous avec votre boîte de transit dans la maison et posez le contenu aux endroits que vous aviez prévus. Si parmi ces endroits, certains sont déjà pleins car non encore évacués, les objets devront alors encore rester dans la boîte de transit, ce qui n'est certainement pas idéal mais peut-être la meilleure solution pour l'instant.

Amusez-vous pendant ces opérations. Décidez à présent que chaque chose qui prend de l'espace dans votre maison doit justifier d'une bonne raison pour s'y trouver. Demandez-vous : « Cela va-t-il passer le test du désordre ? »

Le test du désordre

1. Est-ce que cet objet augmente mon énergie lorsque je le regarde ?
2. Est-ce que j'aime vraiment cet objet ?
3. Est-il vraiment utile ?

Si la réponse n'est pas un OUI franc et net à la première question et un OUI aussi catégorique pour les deux autres questions, que fait encore cet objet dans votre vie ?

1. Est-ce que cette chose augmente mon énergie lorsque je la regarde ?

Savoir si vous vous sentez régénéré ou non à la vue de l'objet est la partie la plus fiable du test du désordre. L'esprit peut vous leurrer et inventer toutes sortes d'excuses pour que vous le conserviez mais le corps connaît la vérité et ne ment jamais. Faites confiance à ce que vous ressentez dans votre corps.

2. Est-ce que j'aime vraiment cet objet ?
Si oui, est-ce qu'il m'inspire en quoi que ce soit ou bien est-il seulement « beau » ? N'ai-je pas assez de ce genre d'objet ? Même si je l'aime, est-ce que je ne fais pas avec lui des associations négatives ?

3. Est-il vraiment utile ?
Si oui, quand est-ce que je l'ai utilisé pour la dernière fois ? Quand, d'une manière réaliste, vais-je l'utiliser à nouveau ?

La boîte dilemme

Au cours de cet apprentissage, vous allez peut-être avoir besoin de la boîte dilemme. Quand vous tombez sur des choses dont vous savez pertinemment qu'elles constituent du bazar mais que votre cœur ne veut pas laisser partir tout de suite, mettez-les dans la boîte dilemme puis posez la boîte tout au fond d'une armoire. Notez dans votre agenda de ne pas oublier d'en vérifier le contenu ultérieurement (dans un mois, six mois, en fonction de ce qui vous paraît approprié). Et, à la date fatidique, essayez de vous souvenir de ce qu'elle contient avant de l'ouvrir. Il y a de grandes chances que vous l'ayez oublié, ce qui prouvera que vous n'avez besoin de rien de tout cela. Votre vie a parfaitement fonctionné sans. Vous pouvez même faire un contrat avec vous-même : tout ce dont vous vous souvenez et que vous sentez réellement utile peut rester et tout le reste, dehors ! Si cela vous paraît trop extrême, ouvrez la boîte et faites à nouveau un tri sérieux, en vous rappelant bien sûr que vous n'aviez besoin de rien pendant tout le temps où la boîte était dans votre armoire.

Une femme avait tellement peur de le regretter si elle jetait quoi que ce soit qu'elle a tout mis dans trois grands sacs-poubelle et qu'elle a dormi avec pendant trois nuits. Elle pensait que s'il y avait un objet qu'elle allait regretter, elle se réveillerait pendant la nuit pour fouiller dans les sacs et le retrouver. Mais elle a dormi paisiblement chacune des nuits et, le quatrième matin, elle a tout jeté, tout heureuse et n'a rien regretté.

Ranger

Si votre bazar ressemble plus à un amas désordonné qu'à une liste d'objets qu'il faut trier et jeter, voici un bon conseil pour vous lancer dans le rangement de votre maison et pour la conserver rangée.

Démarrez par un coin d'une pièce. Ramassez n'importe quel objet qu'il faut ranger, mettons une veste. Commencez à vous parler à haute voix, dans une sorte de chant rythmique décrivant ce que vous faites : « Je ramasse la veste et je marche vers l'armoire. J'ouvre la porte et je la mets sur un cintre. » Puis allez prendre d'autres objets dans le même coin : « Je ramasse le journal et je le mets dans la poubelle. Je ramasse le livre et je le pose sur l'étagère. » Et ainsi de suite.

Toutes vos phrases ont besoin d'être du même rythme et d'être en deux parties : *da-da-di-da-di-da* et *da-da-di-da-di-da*. C'est ce rythme qui vous porte et fait que la tâche est agréable et amusante. Les enfants adorent ranger de cette manière. Mais, surtout, pendant que vous faites cela, votre esprit est occupé et vous ne serez donc pas coincé par votre indécision habituelle ou enlisé par des détails. Vous êtes dans le rythme et vous le suivez. Vous débutez par un coin puis vous travaillez tout l'espace jusqu à ce que tout soit dégagé.

Évacuer le bazar de la maison

Ne faites pas tout ce travail pour finalement ne rien retirer de la maison. C'est la partie fondamentale du travail !

Déchets et recyclage

Une fois que vous avez décidé que des affaires sont pour la poubelle ou pour le recyclage, la gestion en est généralement facile. Louez une benne pour l'enlèvement ou mettez le tout dans votre voiture et portez-le à la déchetterie locale ou bien jetez-le tout simplement à la poubelle. Il est réellement satisfaisant de voir toutes ces affaires quitter la maison aussi vite que possible.

Offrir

Les cadeaux pour des amis, la famille, les dons à Emmaüs, aux hôpitaux et autres institutions prennent généralement plus de temps. Vous aurez peut-être à attendre de voir tel ou tel ami ou d'avoir l'occasion de passer à Emmaüs, etc. Si vous choisissez cette option, donnez-vous une date (disons la fin du mois) avant laquelle vous aurez offert tout ce qui est dans cette boîte et faites un pacte avec vous-même stipulant que, si ce n'est pas le cas, tout devra partir à la poubelle.

Ne vous méprenez pas sur moi. Je suis tout à fait pour donner ses affaires à des gens qui vont les utiliser et les apprécier, mais j'ai fait l'expérience que la plupart du temps, ce bazar destiné à devenir un cadeau ne franchit jamais le pas de votre porte. Tant que vous n'avez pas encore assez d'expérience pour vous débarrasser des choses, il sera probablement plus sage de ne pas vous permettre le luxe d'offrir. Débarrassez-vous des choses le plus vite possible.

Rendre des affaires

Cela aussi peut prendre du temps. Vous aurez à contacter les personnes concernées et demander, prier ou insister afin qu'elles sortent leurs propres affaires de votre espace. Fixez-leur un délai raisonnable et, s'ils n'ont rien récupéré à ce moment-là, faites-leur savoir que vous en disposerez à votre guise. Selon les cas, vous pourrez décider d'envoyer les affaires par la Poste ou de les rapporter vous-même.

Vendre

Cela peut prendre encore plus de temps et n'est généralement pas une bonne idée pour un débutant, à moins que vous n'ayez quelqu'un qui vous achète le lot. Vous pouvez aussi vendre ces objets lors d'une brocante ou poster des annonces en ligne.

Échanger

Encore plus difficile, à moins que vous ne connaissiez par hasard la personne qui cherche exactement ce que vous avez, et l'inverse, ou si vous contactez un organisme spécialisé dans ce type d'échanges. Donnez-vous une date limite et si à ce moment-là vous n'avez pas finalisé l'échange, vendez, donnez ou jetez, peu importe.

Réparer, transformer, rénover, etc.

C'est de loin l'option la plus douteuse de toutes et celle qui prend le plus de temps. Il y a toutes les chances que dans un an l'objet ne soit toujours pas réparé, transformé ou rénové. Un an ou, dans les faits, une décennie. Soyez particulièrement prudent quand vous conservez des éléments bizarres dont vous vous êtes persuadé que vous allez un jour les transformer en quelque chose d'utile. Vous rêvez !

Simplifier votre intérieur deviendra de plus en plus facile

Comme n'importe quel apprentissage, se libérer de son désordre est une compétence que vous pouvez accroître. Plus vous en faites, meilleur vous serez et plus facile cela deviendra, mais, au début, vous vous sentirez peut-être comme un gringalet du dégagement.

Nous l'avons vu précédemment, beaucoup de gens remettent à plus tard le rangement de leur maison car ils ont peur de jeter quelque chose et de le regretter amèrement ensuite. Mais lorsque vous l'aurez déjà fait un peu, vous réaliserez qu'il n'y a pas de mauvais choix, jamais. Même si vous regrettez d'avoir jeté tel ou tel objet, vous pouvez être sûr que c'est votre Moi supérieur qui vous a guidé dans cette décision et, en temps et en heure, vous saurez pourquoi cela a été la meilleure chose qui pouvait vous arriver. Je pense vraiment que cela ne vaut pas seulement pour le désordre, mais aussi pour toutes les choses de la vie. Chaque choix est le bon choix. Ce qui compte vraiment n'est pas le choix, mais la raison qui est derrière. Chaque choix qui provient de la peur est un choix qui n'est pas autonome !

Faites-vous plaisir

Mon intention, en écrivant ce livre, est de rendre si bénéfique l'évacuation de votre désordre que cela vous aide à surmonter votre inertie à le garder. Lorsque vous rangez votre maison ou votre appartement, dites-vous que vous vous faites un cadeau à vous-même. Plus tard, lorsque vous aurez effectivement expérimenté ces bénéfices, vous aurez envie de vous faire plus souvent ce genre de cadeau. Une femme m'a dit un jour : « Je n'avais jamais imaginé qu'on pouvait éprouver autant de plaisir à se débarrasser d'une chose matérielle qu'à l'acquérir ! »

Rappelez-vous : nul besoin de viser la perfection. Essayez simplement de gérer ce désordre qui bouche votre espace et continuez à avancer dans votre vie.

Jeter des choses est sans danger

Quand vous triez vos affaires, dites-vous que **jeter des choses est sans danger**. Se débarrasser de son désordre signifie abandonner des objets et faire confiance à la vie pour vous apporter ce dont vous avez besoin quand vous en avez besoin. Tout ce que vous gardez juste « au cas où », vous ne le gardez que par peur.

Si vous avez beaucoup de bric-à-brac, vous aurez peut-être besoin de faire un tri en plusieurs fois avant de vous sentir prêt à jeter certaines affaires. Vous utiliserez alors la boîte dilemme. Dans certains cas il se passera peut-être même une année, ou plus, avant que vous n'admettiez finalement que la chose en question n'est toujours pas devenue utile !

Sept astuces très efficaces pour vous débarrasser du superflu

Pour finir cette partie, voici sept conseils testés et approuvés.

1. Découvrez le moment de la journée où vous pouvez être le plus efficace pour ranger. Certaines personnes préfèrent le matin et d'autres la nuit. Essayez de repérer à quel moment vous pouvez prendre plus facilement des décisions sur vos

objets et débarrassez-vous du superflu à ce moment-là de la journée.

2. Prévoyez la tâche dans votre emploi du temps. Décidez maintenant quel jour et à quel moment vous comptez démarrer, comme n'importe quelle autre activité inscrite à votre agenda. Prenez rendez-vous avec vous-même et soyez à l'heure.
3. Décomposez la tâche en plusieurs petites étapes et prévoyez le temps que vous pensez consacrer à chacune. Rayez les étapes au fur et à mesure et essayez de respecter le temps prévu.
4. Mettez de la musique qui rythmera vos efforts. Évitez les musiques trop douces comme les ballades.
5. Portez un vêtement rouge. Cette couleur vous motivera à passer à l'action. Si vous n'avez pas de rouge, choisissez un vêtement dans une autre couleur chaude comme l'orange ou le jaune. Les couleurs chaudes sont bien plus réconfortantes que les froides.
6. Ne portez pas de vêtement noir ou gris. Avec du noir, vous risquez de vous sentir rapidement fatigué(e) et le gris vous rendra indécis(e).
7. Récompensez-vous pour le travail bien fait (un massage, un film, une sortie avec un ami... à vous de choisir !). Vous serez plus enclin(e) à continuer vos efforts à l'avenir.

Chapitre 16

Se libérer du désordre malgré le manque de temps

Après la lecture de ce livre, beaucoup de gens se sentent motivés pour se débarrasser de tout leur bazar, mais cet enthousiasme est de courte durée. Très vite, ils se rendent comptent qu'ils sont trop occupés pour mettre en pratique tout ce qu'ils viennent de lire.

Nous vivons dans un monde où tout va vite. Mais c'est intéressant de noter que les physiciens eux-mêmes ne sont même pas sûrs que le temps existe. Certains disent que le temps qui passe n'est peut-être que notre perception, et que le temps lui-même pourrait être une illusion, une question de perspective. Néanmoins, le temps qui passe a l'air tout à fait réel à nos yeux et apprendre à le maîtriser est important dans le processus du rangement.

Apprendre à prioritiser

Définir ce qui est important dans votre vie est la première et la plus importante des étapes. Vous devez définir vos principales priorités et les mettre au centre de votre vie (et non l'inverse). La plupart des gens planifient leur agenda avec toutes les tâches à faire et essayent ensuite d'y caser des petits temps de vie. C'est une bonne manière de terminer toutes ses journées en ayant le sentiment de n'avoir rien accompli d'important.

Prioritiser exige un certain niveau d'introspection. Cela peut paraître difficile au premier abord, mais il n'en est rien. Il suffit de découvrir ce qui est important à vos yeux, en gardant à l'esprit que ces choses peuvent évoluer au fil des années et des différentes étapes de votre vie. Avoir en tête vos priorités dans la vie vous évitera de vous noyer dans les tâches du quotidien.

Établir ses priorités

Alors, si je vous demandais quelles sont les cinq choses les plus importantes dans votre vie, sans lesquels vous ne pourriez fonctionner, que répondriez-vous ?

Peut-être que vous mentionneriez que la santé et la forme passent avant tout. Après tout, difficile de faire quoi que ce soit sans elles. Et si vous-même avez traversé une maladie sérieuse ou avez un proche dans cette situation, vous savez plus que quiconque à quel point une bonne santé est primordiale.

Peut-être que vous mentionneriez vos proches – votre famille, vos amis ou une relation toute particulière.

Ou peut-être encore votre carrière. Pour certains, c'est la priorité principale dans leur vie, devant les relations, la santé et tout le reste.

Si vous lisez ce livre, il est probable aussi que vous en êtes à une phase de votre vie où le fait d'avoir un environnement de vie ou de travail confortable, sain et plus agréable fasse partie de vos priorités.

Ou peut-être encore que la chose la plus importante à vos yeux est la prospérité, l'indépendance financière, les voyages, l'aventure, les études, poursuivre une activité qui vous passionne, la spiritualité ou quelque chose que je n'ai pas listée. Le plus important est d'identifier ce qui vous enflamme, ce qui vous passionne. À partir de là, vos priorités émergeront.

Vous remarquerez que je n'ai pas mentionné le bonheur. La raison est que le bonheur peut vouloir signifier quantité de choses différentes selon les gens, comme l'ont démontré Emmons et McCullongh en 2003 dans une étude psychologique sur un groupe à qui ils ont demandé ce qu'était leur plus grand bonheur dans la vie. Les réponses furent des plus variées allant de « la santé », « ma mère » aux « discussions instantées sur le web ».

Peut-être que toutes les priorités mentionnées ci-dessus sont trop éloignées de votre réalité actuelle car vous traversez une situation financière très difficile, comme par exemple un chômage de longue durée. Vos priorités sont peut-être le fait d'avoir suffisamment à manger, ou d'avoir un toit, de l'argent et tout le reste passe au second plan tant que vos besoins de première nécessité ne seront pas comblés. Mais même si vous êtes dans une situation très difficile, vous aurez peut-être besoin d'avoir comme priorité la spiritualité ou le développement personnel, afin de vous aider à vous sortir de cette situation.

Une pratique au jour le jour

Prioritiser vous aidera à clarifier et à simplifier votre vie. Cela est très bien illustré dans l'histoire de Charles Schwab, président dans les années trente de la Bethelehem Steel Company aux États-Unis, spécialisée dans la production d'acier. Il recruta un jour un consultant en gestion du temps, Ivy Lee, pour qu'il le regarde travailler durant deux semaines et qu'il le conseille ensuite pour améliorer ses affaires. Le rapport d'Ivy Lee, lorsqu'il arriva, ne consistait qu'en trois phrases :

1. Chaque jour, faites une liste des tâches à accomplir.

2. Sur cette liste, prioritisez les tâches en les classant de la plus importante à la moins importante.

3. Attaquez-vous aux tâches en vous occupant des plus importantes d'abord.

« Ne me payez pas tout de suite », insista Ivy Lee, sachant d'emblée que le rapport qu'il venait de remettre serait lu de manière suspecte et qu'on attendait plutôt d'un consultant qu'il rédige un long rapport de plus de cent pages. « Pendant un mois, mettez en pratique ces conseils, et vous me payerez dans un mois en fonction de ce qu'ils vous ont apporté de bénéfique. » Un mois plus tard, Schwab envoya à Ivy Lee un chèque de vingt-cinq mille dollars, une somme incroyable à cette époque. L'entreprise est ensuite devenue la plus grande compagnie d'acier au monde et Schwab raconta des années plus tard que ces conseils furent les meilleurs qu'il n'eût jamais reçus pour réussir dans le monde des affaires.

Le bocal est-il plein ?

Pour vous aider à identifier vos propres priorités, voici l'une de mes anecdotes préférées qui aurait été racontée lors d'une conférence par un vice-amiral dans les années quatre-vingt. Durant une de ses conférences, il aurait montré un bocal et l'aurait rempli autant que possible de pierres. Il demanda alors à l'assemblée : « Le bocal est-il plein ? » L'assemblée répondit « oui » en cœur. Il sortit alors de sa saccoche un sac de plus petites pierres et combla les trous pour remplir le bocal encore plus. « Et maintenant, le bocal est-il plein ? » L'assemblée répondit que désormais il l'était. Cette fois-ci, le vice-amiral sortit un sac de sable et renversa le contenu dans le bocal. Il approuva avec le groupe que le bocal était désormais plein. Il expliqua ensuite que ce bocal était une métaphore de la vie. Si on remplit le bocal avec le sable d'abord (les petits détails), il ne reste plus de place pour les petites pierres (les choses plus importantes). Et si on remplit le bocal avec les petites pierres d'abord, il ne reste plus de place pour les grosses pierres (vos priorités). Pour profiter de votre vie, vos priorités doivent venir en premier. C'est le reste qui doit combler les trous.

Si vous voulez aller encore plus loin dans la métaphore du bocal, on peut aussi ajouter comme quatrième ingrédient de l'eau, ce qui correspond au brouillard des tâches quotidiennes mais non importantes qui nous envahissent parfois.

S'y mettre

Désormais, je vous demande à nouveau, quelles sont vos priorités ? N'allez pas plus loin dans le livre sans avoir répondu à cette question. Arrêtez votre lecture maintenant, réfléchissez à la question et écrivez vos priorités par ordre d'importance :

1. La santé / rire
2. mes proches / mes chats
3. liberté financière
4. ~~ma carrière~~ spiritualité
5. ma carrière

Peut-être qu'à l'avenir je pourrais faire en sorte que la suite du livre n'apparaisse pas tant que vous n'avez pas réfléchi à vos priorités ! Mais comme ce n'est pas encore possible, je vais me contenter de vous faire confiance. Si vous n'avez pas trouvé vos priorités, n'allez pas plus loin !

Des choix

Beaucoup de gens ont des emplois du temps surchargés. Mais il n'existe aucune méthode de gestion du temps capable de vous apprendre à *tout* faire. Vous allez forcément devoir faire des choix. D'où l'intérêt de prioritiser. Si vous avez trop de choses à accomplir, il va peut-être falloir faire une croix sur celles en bas de la liste.

Identifiez ce qui est réellement important à vos yeux et consacrez-leur une place de choix dans votre agenda. Faites entrer les autres choses ensuite, en fonction de la place restante.

Ne plus procrastiner

Les gens qui réussissent procrastinent-ils ? Non, bien sûr ! Ils font ce qui doit être fait, au bon moment, que ça leur plaise ou non.

Pourquoi procrastinons-nous ?

De nombreuses études ont été conduites sur cette question ces dernières années. Selon certaines études, la raison principale serait la peur de l'échec : certaines personnes ont tellement peur d'échouer qu'elles ne veulent jamais démarrer un projet susceptible de les mettre en difficulté. D'autres études ont conclu que la procrastination était comme un acte de rébellion car la tâche est ennuyeuse ou désagréable ou sans aucun bénéfice à la clé. Peut-être que l'une de ces deux réponses convient à votre cas ?

Il y a aussi des personnes qui sont douées pour démarrer de nouveaux projets mais qui sont facilement déconcentrées et au final elles ne terminent jamais ce qu'elles ont amorcé. C'est peut-être votre cas ?

Comment faire pour ne plus remettre au lendemain ?

Il vous faut de la volonté. Les gens qui en ont réussisent à accomplir de nombreux projets ; et ceux qui n'ont pas de volonté n'y parviennent pas.

Mais alors comment avoir plus de volonté ? Il n'y a pas de réponse toute simple à vous donner. Vous devez déjà commencer par cultiver la volonté de manière délibérée, des milliers de fois par jour si nécessaire. Commencez petit. Et généralement, en finissant quelques petites tâches, vous libérez progressivement de l'énergie qui vous invite à aller encore plus loin. Vous aurez même du plaisir à aller de plus en plus au bout des choses, au point que procrastiner deviendra bientôt un mauvais souvenir. Par exemple, si votre boîte mail est pleine, prenez le temps nécessaire pour répondre à chacun des emails. Lorsque vous l'aurez vidée, vous verrez à quel point vous aurez de l'énergie pour accomplir bien plus maintenant que vos emails ne vous gâchent pas l'esprit.

Mettre fin aux interruptions

Appels téléphoniques, emails, SMS, collègues qui vienent discuter... Nous sommes désormais contraints d'être multitâches, de jongler entre les projets. Une étude conduite par Gloria Mark, professeur d'informatique à l'université d'Irvine en Californie, a montré que parmi les salariés bénévoles pour cette étude, ils avaient de la chance s'ils parvenaient à ne pas être interrompus durant trois minutes. Elle a aussi démontré qu'il leur fallait environ vingt-cinq minutes et deux tâches subsidiaires pour s'occuper de nouveau de la tâche qu'il faisait au moment où ils ont été interrompus. Enfin, un quart des tâches commencées n'étaient jamais terminées au cours de la journée, et parfois jamais.

Les interruptions peuvent être particulièrement épuisantes.

À la maison, mon mari et moi apprécions de travailler dans le même bureau, généralement sur des projets différents. Nous savons à quel point il est contre-productif d'être toujours interrompu. Du coup, si l'un de nous deux a une question à poser, on demande à l'autre si on peut l'interrompre. Ainsi, cela donne un pouvoir à la personne interrompue de répondre « oui, bien sûr », « pas pour l'instant » ou « d'ici une minute ». Elle peut choisir d'être interrompue ou non. Et si jamais notre question ne peut pas attendre, on demande poliment en précisant que c'est urgent et qu'on est désolé d'interrompre l'autre. Cela rend l'interruption moins intrusive.

Dans un environnement de travail avec de nombreux collaborateurs, cela peut être difficile à mettre en place, mais c'est très certainement possible. Par exemple, vous pouvez mettre votre téléphone sur répondeur et fermez votre boîte mail quand vous souhaitez être concentré. Vous pouvez aussi fermer la porte de votre bureau si vous n'êtes pas dans un open-space.

En plannifiant les moments d'interruption, votre productivité et votre bien-être au travail vont s'améliorer. À vous de jouer.

Chapitre 17

Restez libéré du désordre

Un homme m'a envoyé un e-mail pour me dire : « J'ai tellement à faire pour évacuer mon désordre. J'en découvre chaque jour de plus en plus. Je ris de moi-même. J'ouvre un tiroir pour chercher quelque chose et j'en vois le bazar. Alors j'arrête tout et je nettoie le tiroir. Et je me sens mieux à chaque étape finie. »

Quelques semaines après il m'a envoyé un autre e-mail : « Je suis revenu des vacances d'hiver hier soir avec quatre sacs d'affaires. Avant de partir ce matin, il a fallu que je range tout car ça me rendait fou de voir ce désordre. »

Cet homme a clairement intégré l'élimination du désordre dans sa vie ! Le truc pour rester libre de tout désordre est de perdre l'habitude d'accumuler les choses.

Chaque chose à sa place

Je me souviens d'avoir lu quelque part un article parlant d'une famille arabe très riche, qui voyageait régulièrement dans quatre villes différentes de leur pays. L'homme se déplaçait pour ses affaires et toute sa famille l'accompagnait. Comme il se trouvait désorienté à bouger autant, il a profité de sa fortune pour construire quatre maisons identiques dans chacune des quatre villes, toutes décorées et meublées exactement de la même manière. De plus, ils achetaient automatiquement quatre exemplaires des vêtements pour tous les membres de la famille, un pour chaque maison, où ils étaient rangés exactement au même endroit. Où qu'ils soient, s'ils ouvraient leur armoire, tout était donc identique.

Comme je fais moi-même pas mal d'allers-retours vers différentes destinations, j'ai été fascinée par cette description. Une maison ordonnée veut dire un esprit ordonné. Quelle que soit votre situation personnelle, il est important que vous vous organisiez, afin que même le quotidien terre à terre de votre vie puisse vous soutenir.

Organisez-vous

Une des choses les plus amusantes au monde, c'est de voir une personne myope chercher ses lunettes. Quand vous aurez dégagé la surface de vos tables, vous les trouverez bien sûr plus facilement mais rendez la chose encore plus facile en leur attribuant une place rien qu'à elles. Même chose avec vos clefs, le porte-monnaie, les chaussons et tous ces trucs que vous cherchez tout le temps.

Voici quelques conseils pour vous rendre la vie plus facile :

1. Rangez les choses similaires ensemble.
2. Gardez les objets à proximité de l'endroit où vous allez les utiliser (par exemple vos vases vides doivent être près de l'endroit où vous arrangez vos bouquets).
3. Mettez les choses que vous utilisez le plus souvent aux endroits les plus accessibles.
4. Faites en sorte qu'il soit facile de ranger les choses à leur place sans qu'elles se désorganisent.
5. Mettez une étiquette sur chaque boîte afin de savoir ce qu'il y a dedans.
6. Rangez les vêtements dans votre armoire par couleurs (ça sera aussi beaucoup plus joli).

Achetez-vous un meuble classeur et utilisez-le

Nous vivons dans l'ère de l'information. Chacun a besoin d'espace pour garder des documents sur papier, qu'ils soient personnels ou professionnels, et le meilleur moyen est d'acheter un meuble classeur. Il y en a des modernes qui sont très beaux. Vous pouvez garder les bouts de papier qui doivent être ensemble dans un même classeur car vous les retrouverez beaucoup plus facilement qu'au milieu d'une pile. Créez des sous-catégories différentes. Si vous vous trouvez avec une feuille que vous devez garder et que vous ne savez pas dans quel dossier la mettre, ne la laissez pas juste sur la pile des papiers non classés – trouvez une nouvelle catégorie et créez un nouveau dossier. Des dossiers qui gonflent de manière suspecte seront, soit fractionnés en plusieurs dossiers plus petits, soit allégés des documents périmés. Des dossiers qui restent toujours minces sont, soit superflus, soit intégrables dans d'autres dossiers. Au moins une fois par an, vérifiez vos classeurs et jetez tout ce qui n'a pas d'importance.

Stockez les choses

Le but d'un espace de stockage est de pouvoir ranger temporairement des objets que vous n'utilisez pas pour l'instant. Les décorations de Noël en sont un bon exemple. Les affaires de camping, également, qu'on utilise une fois par an, voire moins. N'y déposez juste pas trop de choses et ne les laissez pas éternellement sans vous en servir. C'est là que l'énergie commence à stagner.

La loi vous oblige à garder certains documents (comme les déclarations d'impôts, les feuilles de salaires, etc.) pendant un lapse de temps fixe (et parfois toute votre vie). Informez-vous des règles précises pour votre pays. Si c'est, par exemple, sept ans, alors classez vos papiers selon les années d'imposition et, chaque nouvelle année, jetez la huitième à la poubelle. La plupart des gens trouvent cela assez jubilatoire !

Arrêtez le désordre avant qu'il ne commence

Vous pourrez vous épargner beaucoup de travail en prenant de nouvelles habitudes :

1. Réfléchissez à deux fois avant d'acheter. Chaque fois, décidez où vous allez ranger votre nouvelle acquisition et à quoi elle va vous servir. Si vos

réponses à ces questions sont floues, cela signifie que vous êtes en train d'acquérir de l'inutile, alors n'achetez pas.

2. Videz tous les jours les poubelles de votre maison, soit en fin de journée, soit en tout début de matinée, selon ce qui vous arrange le plus. Ayez toujours suffisamment de place dans ces poubelles pour pouvoir jeter tout objet dont vous ne voudriez plus.
3. Bannissez de votre vocabulaire la formule « pour l'instant ». Dès que vous mettez quelque chose, quelque part, « pour l'instant », cela signifie que vous avez pour projet de revenir plus tard et de le mettre à sa bonne place. Prenez alors l'habitude de le placer au bon endroit sans attendre.
4. Si vous savez que vous avez une tendance à accumuler les objets, imposez-vous une nouvelle règle : « Quand une chose entre, une chose sort. » Ainsi, même s'il ne décroît pas encore pour l'instant, votre désordre au moins bougera !

Employez un professionnel pour vous aider

Aux États-Unis on les appelle des organisateurs professionnels (*organizers*). Je forme des consultants pour évacuer le désordre. J'écris mes livres afin que chacun puisse se débrouiller soi-même, mais peut-être avez-vous tant de désordre que vous avez réellement besoin de l'aide d'un professionnel pour commencer et ne pas abandonner. L'adresse de mon site web se trouve à la fin de ce livre et vous y trouverez les informations à ce sujet.

Chapitre 18

Changez de point de vue

L'un des obstacles principaux pour se débarrasser de son désordre est le sentiment d'être trop attaché à certains objets pour accepter de s'en séparer. Mais ce n'est qu'une question de point de vue comme nous allons le voir.

Pourquoi est-il important de changer de point de vue ?

Un journaliste m'a interviewée récemment à propos des émissions de télévision sur le désordre, nombreuses à travers le monde. Généralement, dans ce type d'émission, ils trouvent une famille avec un désordre monstre, sortent toutes les affaires dans le jardin et filment les regards catastrophés de la famille devant la disparition instantanée de tous leurs objets.

Ce que la production ne filme jamais, c'est ce que traversent les gens après. Ils sont généralement traumatisés, ont l'impression d'avoir perdu beaucoup et la plupart du temps le bazar s'accumule de nouveau pour remplir ce vide émotionnel laissé par l'émission.

Je ne crois pas que ce type d'émission est la meilleure façon d'aider les personnes envahies par le désordre. Et ce n'était pas mon intention en publiant pour la première fois ce livre en 1998 de générer autant d'émissions sur ce sujet.

Pour véritablement aider les gens à se débarrasser de leur désordre, il est important de les aider à changer de point de vue et leurs croyances à ce sujet.

Une nouvelle perspective

Les choses qui nous entourent reflètent qui nous sommes.

L'un des moyens très rapides pour avoir une toute nouvelle perspective sur sa vie est de regarder attentivement son environnement, comme si nous n'étions pas la personne qui vivait dedans. Vous pouvez aussi faire l'exercice en prenant des photos de chaque pièce et en les regardant attentivement, ce qui vous donnera encore plus d'objectivité.

Que concluriez-vous de la personne qui vit dans cette maison ? Est-elle le type de personne que vous aimeriez connaître ? Le type de personne que vous aimeriez être ?

Il devient alors plus facile de définir ce qui doit partir et ce qui doit rester.

Regarder avec des yeux neufs

Commencez par n'importe quelle pièce et regardez-la avec des yeux neufs. Quels objets ne conviennent plus à votre vie ou vers où vous souhaitez aller ?

Peut-être que vous n'utilisez plus ou n'appréciez plus certains meubles ? Certains bibelots n'ont plus leur place chez vous ? Et qu'en est-il de vos vêtements ? Il y en a certainement beaucoup que vous n'aimez plus ou que vous ne portez plus. Regardez vos livres. Certains ne sont peut-être plus intéressants à vos yeux ? Regardez tout ce que vous possédez et posez-vous ce type de question.

Rentrer à la maison après un voyage

C'est encore plus facile d'avoir une toute nouvelle perspective dans les tout premiers jours qui suivent le retour des vacances, surtout si vous êtes parti au moins deux semaines, et encore plus si vous êtes parti à l'étranger, dans un pays très différent du vôtre. Vous voyez alors votre maison avec un regard neuf. Ce qui est du bazar devient d'un coup beaucoup plus évident.

Laissez-vous vingt-quatre heures de repos après votre retour au lieu de retourner de suite à votre travail ou vos activités habituelles. Laissez-vous le temps d'observer votre vie et de comprendre les changements que vous souhaitez faire.

Ce moment est aussi parfait pour faire le tri parmi les photos que vous avez prises lors de votre séjour et de supprimer les moins bonnes.

Si ceux qui vivent avec vous sont aussi partis en vacances, il est probable qu'ils voient également votre maison de manière nouvelle. S'ils sont restés à la maison en revanche, il est peu probable que vous voyiez les mêmes choses alors ne les brusquez pas et faites les choses en douceur, sans forcément en discuter. Occupez-vous seulement de votre désordre à vous.

Déménager

Un autre moment à privilégier pour avoir une nouvelle perspective, c'est lorsque vous déménagez. Rien qu'à l'idée d'emballer votre désordre pour le déplacer ailleurs, vous allez certainement apprécier de faire le tri entre les choses que vous voulez garder et les autres. Toutes vos affaires ne méritent pas forcément un déménagement.

Certaines personnes, il est vrai, se contentent dans ce cas de tout déménager sans réfléchir. Mais c'est bien dommage, et cela coûte plus cher en déménagement. En fait, même si vous n'avez pas prévu de changer de logement, imaginez que c'est votre cas et faites le même exercice pour vous aider à changer de point de vue.

Et si votre maison prenait feu ?

Si vous n'aviez que cinq minutes pour échapper aux flammes, que prendriez-vous ?

Il m'arrive de poser cette question quand un client m'explique pendant des heures et des heures pourquoi il ne peut pas se débarrasser de telle ou telle chose. Ils sont envahis d'objets au point de pouvoir à peine circuler chez eux, mais lorsque je leur pose cette question, la plupart du temps ils répondent leur chat ! Parfois quand ils ont un conjoint ou des enfants, ils mentionnent ces personnes en priorité (pas toujours) (mais ils imaginent certainement que les humains sauront se débrouiller plus facilement que leur chat !). Les gens qui voyagent beaucoup répondent souvent leur passeport parmi les objets à sauver des flammes. D'autres parlent de leurs photos aussi. Mais ils sont généralement bien embarrassés pour trouver autre chose. J'appelle ce petit moment de confusion le « moment de vérité ». Lorsqu'ils se rendent compte qu'ils ne tiennent pas tant que ça aux objets qui les entourent. Car le plus important au final est de sortir de là vivant.

Quand on passe d'une situation « normale » à « urgente », on voit les choses d'un tout nouveau point de vue.

Envisager notre mort

Une expérience similaire peut arriver lorsque l'on vieillit et que l'on se rapproche de la mort. On apprend petit à petit à se détacher des objets inutiles en réalisant que nous n'emporterons ces objets nulle part après notre mort.

Que l'on soit riche ou pauvre, personne n'échappe à la mort. Et apprendre à se débarrasser du superflu est un moyen d'accepter notre sort. Nous ne sommes pas éternels, nous ne faisons que passer.

Et si vous ne parvenez toujours pas à changer de point de vue

Avec ce livre, l'une de mes intentions est de changer votre point de vue sur le désordre qui vous entoure. Au début de votre lecture, vous pensiez peut-être que de nombreux objets étaient vitaux pour vous et désormais, vous avez pu vous rendre compte que certaines choses étaient importantes et d'autres beaucoup moins.

Le désordre vous empêche de mener une vie épanouissante ; il vous retient en arrière. Il n'y a plus d'espace suffisant pour avoir des idées fraîches, démarrer de nouveaux projets.

Mais que faire si vous avez encore et toujours des difficultés à vous débarrasser du superflu, malgré la lecture de ce livre ? Apprenez des autres dans ce cas. Trouvez dans votre entourage une personne que vous admirez et qui n'est pas attachée aux objets. Demandez-lui conseil ou passez du temps avec cette personne pour mieux comprendre comment elle fait. Voyez son point de vue. Adoptez sa stratégie.

Chapitre 19

Évacuez le désordre dans votre corps

Après vous être débarrassé du désordre dans votre maison, l'évolution naturelle est de vous occuper du désordre à l'intérieur du temple qu'est votre propre corps. Les gens qui accumulent le désordre à l'extérieur ont aussi une tendance à l'accumuler à l'intérieur, mais tandis que le désordre extérieur peut bloquer votre progression dans la vie, le désordre intérieur peut aussi avoir des répercussions sur votre santé.

Le corps humain est une machine très sophistiquée. Il ingère des aliments, assimile ce dont il a besoin et évacue le reste par les cinq principaux organes d'élimination : le côlon, les reins, la peau, les poumons et le système lymphatique.

Purifier le côlon

Dans mon premier livre, à la fin d'un chapitre sur l'évacuation des toxines, j'avais, en deux paragraphes très courts, esquissé les principes de la purification du côlon à l'aide d'herbes et recommandé, pour les lecteurs anglais, un herboriste auquel j'avais eu recours, avec grand succès, pendant des années. Je ne l'avais pas prévenu que j'allais le citer dans mon livre et j'ai été surprise, un an plus tard, d'apprendre qu'il avait été inondé de demandes ! Voilà pourquoi j'ai décidé de consacrer ici un chapitre à la purification du corps, ce qui visiblement présente beaucoup plus d'intérêt que je ne le pensais au départ.

Pourquoi vous avez tout intérêt à purifier votre côlon

La plupart des Occidentaux avalent au quotidien des aliments qui ne sont plus vraiment sous leur forme naturelle : ils ont été cuisinés, congelés, mis en conserve, bourrés de colorants et de conservateurs... Ainsi, notre alimentation met à rude épreuve notre système digestif.

Un côlon en bonne santé contient de bonnes bactéries, utiles pour le fonctionnement de l'intestin (flore intestinale) et il pèse jusqu'à 2,25 kg, alors qu'un colon encrassé peut peser beaucoup plus. Parfois, les déchets accumulés sont si importants que le diamètre de certaines parties du côlon augmente, alors que, par endroits, il est à peine plus large qu'un crayon. Cela peut entraîner des problèmes de santé car les toxines se diffusent dans l'organisme.

Si vous mangez régulièrement de la viande rouge, de la volaille, du poisson, des produits laitiers, du sucre, des aliments traités d'une quelconque manière, du chocolat, de la caféine, des sodas ou de l'alcool, votre intestin contient certainement des plaques de mucus, et vous aurez alors tout intérêt à purifier votre côlon. Même les végétariens en ont généralement besoin car du mucus se forme aussi avec le soja et toutes les graines (le soja étant la plante qui forme le plus de mucus). Dans toutes les cultures traditionnelles, avec des habitudes végétariennes ou non, les gens consomment de temps à autre certaines herbes afin de purifier leur système intestinal.

Beaucoup de naturopathes recommandent une purification du côlon dans 90 % des maladies et je l'ai trouvé moi-même extrêmement bénéfique, en soin tant curatif que préventif. Vous nettoyez votre système interne d'évacuation et cette désintoxication intestinale peut aussi aider à neutraliser des problèmes émotionnels qui peuvent se focaliser sur l'intestin.

Constipation et diarrhée

La règle générale à retenir est qu'un nouveau repas doit en chasser un autre. Un ralentissement du transit intestinal entraîne une constipation. Et la diarrhée à long terme est tout aussi problématique, car elle peut traduire la prolifération de bactéries nocives qui perturbent l'équilibre de la flore intestinale.

Les symptômes suivants sont également indicateurs de problèmes du côlon : des bruits intestinaux, des maux de ventre, des gaz odorants, la sensation que même une nourriture saine ne vous nourrit pas proprement, une mauvaise haleine, une mauvaise odeur de votre corps et de vos pieds. Et en général, vous ne vous sentirez pas en pleine forme.

Si vous avez un doute, faites le test des graines de tournesol. Prenez une poignée de graines de tournesol, mâchez-les le moins possible et avalez-les. Ensuite, attendez qu'elles réapparaissent à l'autre bout ! Si votre temps de transit intestinal est d'environ de dix heures, vous êtes en bon état. Si c'est plus long, une purification du côlon ne sera pas de trop pour nettoyer votre système intestinal. Certaines personnes doivent attendre trois ou quatre jours avant que les graines apparaissent !

Les bénéfices d'un côlon propre

J'ai esquissé jusqu'ici les conséquences d'un côlon encrassé, voici donc maintenant quelques bénéfices d'un nettoyage. La plupart des personnes en apprécient tellement les résultats qu'elles le font régulièrement, une fois par an. Après avoir nettoyé le côlon, vous pouvez vous attendre à :

1. vous sentir en meilleure santé (une plus belle peau moins ridée, des ongles plus forts, des cheveux plus brillants, etc.) ;
2. être en pleine forme physique ;
3. une augmentation des défenses immunitaires ;
4. assimiler davantage les aliments et moins ressentir le besoin de manger n'importe quoi ;
5. vous sentir plus joyeux, plus heureux dans votre vie ;
6. être content de laisser partir ce qui est derrière vous pour faire place à la nouveauté ;
7. à ressentir plus de satisfaction dans le sexe (car vous n'aurez pas la pression interne d'un côlon surchargé).

L'auteur Louise Hay donne pour origine aux problèmes de digestion la peur d'abandonner ce qui est ancien et désormais inutile, en recommandant d'adopter le postulat suivant : « Librement et facilement j'abandonne l'ancien et plein de joie j'embrasse le nouveau. » Pour renforcer de manière pratique tout cela, autorisez-vous désormais à aller à la selle dès que vous en sentez le besoin, plutôt que d'attendre le plus longtemps possible, comme le font tant de gens. Ainsi, vous vous rééduquez à « laisser partir » le passé sur le plan physique.

Purification du côlon par les herbes

La purification du côlon, associée à un programme de nutrition régénérateur (il n'y a aucun sens à nettoyer le désordre d'un côté, si on fait l'inverse de l'autre côté !), peut offrir des résultats remarquables ! Comptez de trois à neuf mois avant de voir les premiers résultats (plus vous aviez de mauvaises habitudes alimentaires et plus il faudra être patient pour pouvoir constater ces résultats). Et surtout, n'utilisez jamais de laxatifs car ils irritent et affaiblissent les intestins.

Aussi, il vaut toujours mieux avoir recours à un naturopathe qualifié. Ce processus fait invariablement ressortir des problèmes émotionnels pour lesquels vous aurez peut-être besoin d'être soutenu et vous voudrez aussi être rassuré lorsque votre corps commencera à évacuer toutes ces toxines.

Si vous allaitez, si vous êtes enceinte, âgé, chroniquement malade ou faible, consultez systématiquement votre médecin traitant ; n'entamez jamais de purification du côlon sans avis médical. Dans tous les cas, n'hésitez pas à demander conseil à des professionnels de la santé.

Enlever les parasites

C'est un mythe qu'on ne trouve des vers et autres parasites que dans les pays du tiers-monde. Ils abondent tout autant en Occident, et purifier le côlon peut aider à les évacuer.

Jeûner

Après des mois où je suis « sur la route », donnant mes cours en Occident, mangeant dans des restaurants, dormant dans des hôtels et voyageant en avion, c'est un pur bonheur de rentrer à Bali et d'avoir le temps et le lieu pour faire un bon et vrai jeûne avec uniquement des boissons. Rien ne me revigore et ne me revitalise autant qu'un jeûne avec du jus de fruits fraîchement pressés ou de légumes biologiques ou, mieux, de l'eau tout simplement.

Voici comment cela fonctionne. Quand vous mangez, vous demandez beaucoup d'énergie à votre corps pour la digestion. Lorsque vous faites un jeûne, tous vos organes intérieurs sont en vacances, toute l'énergie en surplus est à disposition pour que votre corps se repose et retrouve sa vitalité. Je pense que la chose la plus stupide à faire lorsque l'on est malade, c'est de manger quelque chose. Les animaux le savent et ils ne mangent jamais quand ils sont malades.

Sauf dans certains cas d'urgence médicale, il vaut toujours mieux purifier le côlon avant d'entamer un jeûne. Beaucoup d'effets secondaires d'un jeûne sont uniquement dus à l'auto-intoxication par les substances avariées de son propre côlon lorsque celui-ci se met au repos. Et pour ceux qui paniquent à l'idée de se sentir affamés pendant le jeûne, voici une recette testée et approuvée : pendant les deux premiers jours, prenez des quantités généreuses de spiruline avec votre boisson. C'est une algue très riche en protéines d'excellente qualité, en acide gras oméga 6, en fer et en antioxydants : elle est excellente pour tonifier les intestins et vous ne vous sentirez pas du tout affamé. Au bout du deuxième jour, toute sensation de faim aura disparu !

Le jeûne ultime se fait avec de l'eau pure. Encore une fois, excepté pour des urgences médicales, il est habituellement préférable d'y aller graduellement plutôt que de ne prendre que de l'eau dès le premier jour. Diluez le jus au début, jusqu'à ne plus prendre que de l'eau pure.

Il est vital de vous assurer l'aide d'un professionnel de santé qualifié et de bien vous renseigner sur le sujet avant d'entamer un jeûne. Vous devez savoir combien de temps jeûner, comment jeûner et surtout comment arrêter un jeûne. S'arrêter trop vite ou avec de mauvais aliments peut avoir de graves conséquences. Cela dit, correctement exécuté, un jeûne est une des expériences les plus agréables que vous puissiez imaginer. C'est en effet une telle joie de donner à vos organes la chance de se reposer et pour vous d'expérimenter comment ne pas étouffer tout le temps vos émotions avec de la nourriture. Vous découvrirez ainsi de nouvelles profondeurs de passion et de vitalité dans votre vie !

Les reins

Notre corps est constitué d'environ 70 % d'eau, et pourtant certaines personnes ne boivent à peine qu'un ou deux verres d'eau par jour. Toutes les cellules contiennent de l'eau, le sang est composé d'eau à 90 %, même nos os contiennent 22 % d'eau. Sa présence est fondamentale à la vie et à la santé, afin de transporter l'oxygène et les nutriments vers les cellules ou d'évacuer les toxines des cellules.

Mon message est donc simple : buvez de l'eau. C'est la meilleure des boissons. L'eau nettoie et purifie votre corps, et vous apporte une plus grande clarté dans votre vie. Idéalement buvez un litre et demi d'eau par jour. En complément, des jus de fruits et de légumes frais sont les bienvenus. Mais le thé, le café, les sodas et l'alcool sont à éviter car ils sont mauvais pour le corps, et en particulier pour les reins, le foie, le pancréas et le côlon. Ces boissons sont largement composées d'eau mais elles contiennent aussi des agents très déshydratants ! Écoutez votre soif et vous saurez si vous avez bu suffisamment d'eau. Ne négligez pas ces sensations. Quand vous avez soif, c'est que vos cellules sont déjà déshydratées. Vous pouvez aussi vérifier la couleur de votre urine. De l'urine jaune foncé signale que vous faites souffrir vos reins. De l'urine très pâle ou presque sans couleur indique que vous êtes bien hydraté.

C'est aussi un art que de déterminer quand il faut boire. Le mieux, c'est de boire une demi-heure avant le repas, puis d'attendre une heure et demie à deux heures après le repas avant de boire à nouveau. Sinon, vous diluez les sucs digestifs de votre estomac, la nourriture fermente, ce qui produit des substances acides et perturbe les fonctions de l'organisme. Si vous mâchez correctement votre nourriture, vous n'aurez pas besoin d'eau pour l'avaler.

Les poumons

Respirez profondément pour permettre à vos poumons de faire leur boulot en éliminant les toxines. La plupart des gens en Occident sous-ventilent en inspirant juste assez d'air pour survivre. Tout cela est en connexion avec des sensations de basse estime de soi-même : « je ne le mérite pas », « je ne suis pas assez bon » et ainsi de suite. Si tels sont vos sentiments, vos épaules vont s'arrondir vers l'avant car votre corps essaiera inconsciemment de protéger la région de votre cœur et cela restreindra encore plus votre respiration.

Redressez bien droit votre colonne vertébrale. Prenez courage. Il est de votre droit, depuis la naissance, de vivre pleinement la vie. Avec chaque inspiration que vous prenez, vous dites « oui » à la vie, « oui » à l'amour, « oui » à la joie, au bonheur et à l'abondance. Apprenez des indigènes du monde ou observez un nouveau-né et découvrez que la respiration correcte n'est pas superficielle dans la poitrine mais provient des profondeurs du diaphragme, ce qui masse les organes internes à chaque respiration. Respirez par le nez, jamais par la bouche. Saluez chaque jour en prenant des inspirations très profondes, ouvrant grands vos bras et remplissant vos poumons au maximum, affirmant la vie et chassant les restes d'air stagnant au fond de vos poumons.

Vous pouvez aussi aider vos poumons en marchant vigoureusement, en évitant les aliments qui forment du mucus (voir plus haut), en évitant les polluants et, bien sûr, en arrêtant de fumer, si ce n'est pas déjà fait. Trouvez-vous un livre qui montre les poumons encrassés d'un fumeur – c'est plutôt choquant !

Le système lymphatique

Le système lymphatique nettoie tous les tissus du corps. Le sang circule grâce au cœur qui fait office de pompe, mais ce n'est pas le cas du système lymphatique qui est parallèle au réseau veineux, mais dont la circulation (relayée par les ganglions lymphatiques) dépend des poumons et des muscles. Ce qui explique qu'un sport pratiqué régulièrement soit si important. Marcher, nager, faites d'autres formes d'exercices doux ou bien sauter sur un trampoline par exemple sont d'excellents moyens de stimuler la circulation lymphatique. La plupart des massages aussi sont utiles, ainsi que des gommages (voir ci-dessous à propos de la peau).

Il est très important d'éviter des vêtements trop serrés qui obstruent le flux de liquide lymphatique dans votre corps. Les chercheurs Singer et Grismaijer ont prévenu des conséquences sur la santé d'une restriction du liquide lymphatique et de la formation de toxines due aux soutiens-gorge, sans parler du syndrome des « pantalons serrés » chez les hommes.

La peau

La peau est incroyable. Chaque centimètre carré est composé d'environ trois millions de cellules, cent glandes sudoripares, quinze glandes graisseuses et plusieurs poils, et servi par trois mille cellules nerveuses, un mètre de vaisseaux sanguins tissés de manière complexe. La peau est peuplée par des millions de bactéries microscopiques.

Lorsqu'elle fonctionne selon sa capacité optimale, notre peau est conçue pour éliminer un tiers des déchets du corps, mais en réalité la peau de la plupart des personnes fonctionne aux minima. Les produits de toilette chimiques bouchent les pores et les tissus synthétiques (Lycra, nylon, polyester...) empêchent réellement ce processus naturel, en particulier les sous-vêtements portés près de la peau. Il est préférable de porter des étoffes naturelles – tout particulièrement le coton biologique, mais aussi le lin, la soie et la laine – et d'éviter de les laver avec des détergents chimiques et agressifs, dont les pores de la peau absorbent les résidus.

Aidez votre peau : faites du sport, allez au sauna ou au hammam pour éliminer les toxines par la transpiration et frottez-la tous les jours avec un gant afin d'enlever les cellules mortes, de stimuler la circulation lymphatique ainsi que les glandes de la peau et de vous prémunir d'un vieillissement prématuré. À faire le matin avant sa toilette. Frottez toujours en direction du cœur et utilisez un gant en fibres naturelles que l'on trouve dans les boutiques bio. La sensation est fantastique !

Chapitre 20
Évacuez votre désordre mental

Si vous avez du désordre physique dans votre maison, vous aurez aussi du désordre dans votre esprit. Que faire avec les formes les plus courantes du désordre mental ?

Arrêtez de vous faire du souci

J'ai entendu dire que se faire du souci, c'est comme un cheval à bascule – peu importe la vitesse à laquelle vous vous bougez, vous n'irez jamais nulle part. Se ronger les sangs est une perte complète de temps et crée tellement de désordre dans votre esprit que vous ne pouvez plus réfléchir clairement à quoi que ce soit.

Apprendre à arrêter de se faire du souci consiste tout d'abord à comprendre que vous apportez de l'énergie aux choses sur lesquelles vous vous fixez. C'est pour cela que, plus vous vous autorisez à vous inquiéter, plus il est probable que les choses aillent mal ! Se faire du souci est une habitude tellement ancrée en vous que vous devrez consciemment vous former à réagir de manière différente. Dès que vous vous prenez en flagrant délit de stress (et demandez aussi à vos proches de vous le signaler), arrêtez et changez le cours de vos pensées. Concentrez-vous plutôt sur ce que vous voulez voir arriver plutôt que sur ce que vous craignez de voir arriver, et arrêtez-vous sur ce qu'il y a déjà de merveilleux dans votre vie, afin que plus de choses merveilleuses y entrent encore.

Faites maintenant une liste de toutes ces choses pour lesquelles vous vous faites du souci afin de pouvoir les repérer lorsqu'elles pointeront leur nez la prochaine fois, lors d'une séance gratuite de cheval à bascule…

Arrêtez de critiquer et de juger

C'est une perte de temps totale, en particulier quand vous réalisez que tout ce que vous critiquez et jugez chez les autres est quelque chose que vous n'aimez pas en vous-même. Les plus grands critiques sont toujours des personnes qui croient dans leur for intérieur, pour une raison ou une autre, qu'elles ne sont pas elles-mêmes assez bien. Changez cette insécurité intérieure et votre désir de rabaisser les autres disparaîtra comme par magie.

L'autre chose importante est de réaliser qu'en tant qu'êtres humains nous ne voyons seulement qu'un segment de la réalité dans le grand plan cosmique, nous ne sommes donc jamais en position de pouvoir juger qui ou quoi que ce soit. Le dernier des clochards saouls pourrait en effet se révéler l'être le plus doux et le plus gentil que vous n'avez jamais rencontré, mais si vous le jugez uniquement selon son apparence ou montez sur vos grands chevaux pour juger son comportement, vous allez totalement passer à côté de cette qualité.

Ne vous encombrez pas l'esprit avec ces flèches empoisonnées et sans intérêt. Au lieu de cela, envoyez des bénédictions silencieuses à toute personne que vous rencontrez et vous serez émerveillé de voir comment, à leur tour, les gens vous répondront avec la meilleure part d'eux-mêmes.

Arrêtez de jaser

Arrêtez de vous exciter constamment avec les commérages. Jaser encombre votre psychique et montre uniquement à quel point votre propre vie est vide. Vivez et laissez vivre. Refusez de céder ou d'écouter les autres jaser, sous n'importe quelle forme, et mettez un point d'honneur à ne jamais dire quelque chose sur quelqu'un que vous ne lui diriez pas aussi en face.

Arrêtez de geindre et de vous plaindre

Geindre, se plaindre et blâmer tout et tout le monde pour ce qui se passe dans votre vie encombre votre parole et vos pensées à un point tel que la plupart des gens n'auront même plus envie de votre compagnie. Concentrez-vous sur ce qui va bien dans votre vie et le bonheur se multipliera. Continuez à vous plaindre et à gémir et vous serez seul.

Arrêtez le papotage mental

Les psychologues estiment qu'une personne a en moyenne environ 60 000 pensées par jour. Malheureusement, 95 % de ces pensées sont exactement les mêmes pensées que la veille. Et celles-ci ont été les mêmes pensées que celles de l'avant-veille et ainsi de suite. Bref, la plupart de votre processus mental est un bla-bla répétitif et non productif, qui ne nous mène donc nulle part.

Un autre problème est le bruit incessant de stimulateurs externes, si omniprésents dans les modes de vie à l'occidentale. Tant de gens laissent constamment la télé ou la radio allumée « pour avoir de la compagnie », lisent des romans nuls, surfent sans but sur le Net, etc. Et un jour, vous serez vieux et malade et réaliserez que vous n'avez rien fait de votre vie. Toutes vos pensées proviennent d'autres personnes et vous n'avez aucune idée de qui vous êtes réellement ou de ce qu'aurait pu être votre vie.

Quand avez-vous eu pour la dernière fois une pensée nouvelle vraiment authentique ? Il est triste que la plupart des gens vivent jour après jour dans le même moule et remplissent leur mental avec le bazar du quotidien.

La priorité : mettre de la clarté dans votre vie, l'affiner quotidiennement. Faites de l'espace pour une pratique de méditation que vous aimez bien ou créez un temps bien déterminé pour « capricionner », une belle expression que j'emprunte à Gill Edwards, auteur de *Entrez dans la Magie*, pour décrire ce temps pendant lequel vous cocoonez tranquillement, avec rien à faire et nulle part où aller, ce qui va apaiser les bruits et vous permettre de vous ouvrir à une sagesse plus haute, des conseils plus élevés et une créativité plus vaste.

Finissez tout ce que vous avez commencé

Prenez l'habitude de tout finir. Par exemple, vous êtes en train de parler au téléphone avec des amis et ils ont un numéro de téléphone utile qu'ils veulent vous donner. Ils l'ont avec eux mais vous proposent tout de même de vous appeler le lendemain pour vous le donner. Il est incroyable de voir combien de fois les gens reportent à demain ce qu'ils pourraient faire sans problème le jour même et d'imaginer quelle énergie est consommée pour se souvenir de tout cela ! Notez ce numéro de téléphone tout de suite et ce sera une chose de moins à faire dans votre vie !

Réglez les derniers détails comme rembourser une dette, rendre tout ce que vous avez emprunté, faire une commission que vous vous êtes engagé à faire et tout le reste, qui harcèle votre inconscient tant que ce n'est pas fait. Chaque promesse ou engagement que vous n'accomplissez pas a un impact sur votre énergie. Si vous savez que vous ne pourrez pas tenir votre promesse, il vaut mieux appeler la personne et le lui dire plutôt que de laisser perdurer une situation floue.

Voici quelque chose d'intéressant, issue de ma propre expérience depuis que j'ai banni le verbe « devoir » de mon vocabulaire. Mettons que j'ai promis d'aller au cinéma jeudi avec un ami. Jeudi approche et je me sens de moins en moins d'envie d'y aller. J'ai alors deux solutions : soit j'y vais parce que je l'ai dit et c'est pour cela que je devrais y aller, soit j'appelle mon ami et j'annule le rendez-vous ou le remets à plus tard. Dans 90 % des cas, lorsque j'annule et repousse le rendez-vous, l'autre personne voulait faire exactement la même chose mais n'osait pas me décevoir, donc tout était pour le mieux. Les autres 10 % de gens sont un peu énervés ou agacés mais, lorsqu'ils sont honnêtes avec eux-mêmes, ils réalisent que ce n'est généralement pas moi qui les ai énervés. Le problème n'est autre que leur propre inflexibilité ou bien le fait que j'aie rappelé le souvenir d'un énervement bien plus important du passé. Voyez le chapitre suivant pour comprendre les énervements.

Clarifiez vos communications

Avec qui avez-vous des problèmes non réglés ? Réfléchissez un moment et imaginez-vous en compagnie de ces personnes. Existe-t-il quelqu'un dans votre vie, qui, s'il frappe tout à coup à la porte, vous mettra immédiatement mal à l'aise ? Qui vous donnera l'impression que la pièce n'est pas assez grande pour vous deux, puisqu'il y a des tensions entre vous ? Vous ne vous souvenez peut-être pas de ces gens, vous essayez peut-être de les bannir activement de votre esprit mais le bon vieil inconscient en garde la trace. Des communications non résolues dans votre vie réduisent considérablement votre réserve d'énergie.

Si vous dormez avec quelqu'un, communiquez de manière claire et sûre, autrement vous lutterez l'un contre l'autre dans des batailles psychiques toute la nuit et vous allez vous réveiller avec la sensation d'avoir besoin d'une bonne nuit de sommeil !

Soyez à jour dans votre correspondance

Avez-vous des lettres que vous voulez écrire sans jamais y arriver ? Chaque fois que vous y pensez et ne le faites pas, votre niveau de vitalité baisse. Plus vous repoussez, plus il devient difficile d'écrire cette lettre. Si vous vous asseyez et mettez votre correspondance à jour, vous allez libérer d'énormes quantités d'énergie pour d'autres choses à faire. Encore mieux, passez à l'e-mail qui est nettement plus rapide : c'est du coup un jeu d'enfant de rester à jour.

Dégraissez votre agenda

N'avez-vous jamais assez de temps pour faire tout ce que vous voulez faire ? Pensez à tout ce que vous voulez vraiment faire et marquez-le dans votre agenda avant toute autre chose. Ne permettez pas à votre mental de gouverner votre vie. Ces joies réussissent à votre esprit, et si vous ne faites que travailler, travailler, travailler, sans jamais prendre du temps pour vous-même ou si vous vous occupez des autres sans vous nourrir vous-même, votre esprit va rapidement se flétrir, puis mourir. Les premiers signes sont une fatigue générale et une santé qui décroît.

Mettez-vous donc vous-même dans votre agenda comme première priorité et puis casez tout le reste autour. Il y a quelques années, j'ai commencé à bloquer dans mon agenda de travail une journée par semaine rien que pour moi, et maintenant je le fais jusqu'à six mois par an.

Dégagez votre esprit pour dormir en paix

Si vous menez une vie bien remplie et avez beaucoup de choses « à faire », vous trouverez peut-être difficile de décompresser et de vous relaxer. Surtout, votre tête sera encore très active au moment de vous coucher. Voici un bon conseil : gardez un cahier et un crayon à côté de votre lit et, juste avant de dormir, gribouillez toutes ces choses que vous devez vous rappeler. Puis oubliez tout et dormez. Si vous vous réveillez pendant la nuit avec encore plus de choses en tête, ouvrez un œil, gribouillez-les sur le cahier et rendormez-vous. Au début vous aurez peut-être besoin d'une petite lampe de poche à côté de votre lit, mais avec le temps vous apprendrez à écrire dans le noir sans même ouvrir les yeux !

Plus vous êtes occupé, plus il est important de complètement vous relaxer, de prendre du temps libre pour vous reposer et de vous régénérer pendant les heures de la nuit. Une fois cela maîtrisé, vous pourrez utiliser ces heures de manière encore plus créative. Au lieu de ressasser les problèmes et toutes les anxiétés, utilisez votre temps de sommeil pour vous connecter à votre Moi supérieur et recevoir des conseils. Vous pourrez entendre des messages subtils en provenance de ces royaumes supérieurs si votre esprit et vos émotions ne sont pas constamment occupés par des problèmes, et puis vous aurez un beau sommeil lors d'une nuit paisible, suite à quoi vous vous réveillerez avec des réponses !

Restez à jour

Quand tout est à jour dans votre vie, vous vivez dans le présent et pouvez vraiment sentir que vous « surfez » sur l'énergie de la vie. Faites tout ce qu'il faut pour vous mettre à jour et puis restez-le. Vous aurez plus d'énergie que vous ne l'avez jamais imaginé. Les enfants sont ainsi, ils vivent dans le moment présent et nous savons tous combien de vitalité ils ont !

Chapitre 21

Évacuez votre désordre émotionnel

La plupart des personnes portent en elles une sorte de bagage émotionnel. Il nous vieillit prématurément et se met en travers de notre chemin dans tout ce que nous voulons faire.

Énervement

Si vous êtes vraiment énervé par quelque chose, c'est alors le meilleur moment pour évacuer le désordre. Même pas la peine de vous ressaisir avant de commencer. Allez juste vers le placard, en larmes si c'est le cas, en hurlant même si c'est nécessaire, sortez le tout et commencez à trier. Vous serez étonné à quel point il est alors facile d'évacuer quand vous êtes dans cet état. Le tri semble quasiment se faire tout seul. Vous regardez ces choses que vous avez accumulées pendant des années et elles vous paraissent si peu importantes et si évidemment obsolètes qu'il n'y a aucun frein émotionnel lorsque vous les jetez à la poubelle. Vous serez aussi étonné(e) de voir à quel point évacuer le désordre vous aidera à vous calmer et à voir la chose qui vous énervait sous une nouvelle perspective. L'acte d'abandonner le bazar vous permet aussi d'abandonner vos émotions bloquées.

Souvenez-vous que chaque énervement est une opportunité. Cela veut dire que chaque situation qui nous énerve est en fait une situation que notre Moi supérieur a voulue pour attirer notre attention sur quelque chose qui nécessite un changement.

J'ai travaillé avec un professeur qui demandait toujours lorsque quelqu'un était énervé : « Serait-ce encore important dans dix ans ? » Vous regardez ainsi le problème avec du recul, et la réponse est presque toujours « non ».

Vous pourrez vous dire la même chose de la plupart des désordres. « En aurai-je un usage pendant les dix années à venir ? » Pour la plupart des choses que vous conservez depuis longtemps, la réponse est presque toujours « non ».

Chagrin

Une des pires formes du désordre émotionnel est celui qui résulte du chagrin. Regardez profondément en vous pour voir à qui et quoi vous devez pardonner. Carolyne Myss, auteur de *L'Anatomie de l'esprit*, dit que toute maladie puise ses racines dans la sensation d'avoir été injustement traité par une personne. Vous saurez si c'est votre cas car on se souvient habituellement de cette injustice plusieurs fois par jour, mais c'est devenu tellement coutumier que vous ne le remarquez même plus. Décidez de pardonner et abandonnez.

Parfois, les personnes sont tellement retranchées dans leurs chagrins qu'elles refusent même de se parler. J'ai rencontré ces moments dans des familles ou dans des couples, lorsque ces silences prolongés durent pendant des jours, des semaines, des mois, des années ou même des décennies. Il y a même des personnes qui emmènent avec elles dans leur tombe ces émotions coincées et il y a fort à parier que ce sont elles qui les ont achevées.

Parfois, ces sensations bloquées se fortifient jusqu'à devenir des disputes entre des familles, des groupes ou des nations, ce qui affecte notre société dans son ensemble. Les tentatives pour résoudre la situation par la violence physique se poursuivent jusqu'à ce que l'un des protagonistes soit à genoux ou qu'un tiers intervienne (soit le tiers diplomatique) pour les raisonner tous les deux. On peut définir la diplomatie comme l'art d'harmoniser l'énergie émotionnelle bloquée.

Si vous êtes le type qui boude en silence, comprenez que vous pouvez peut-être blesser l'autre personne comme vous avez l'intention de le faire, mais vous vous blessez vous-même encore plus. Prenez des cours en relations humaines et apprenez une meilleure méthode pour gérer vos problèmes. Pardonnez et oubliez. Abandonnez vos chagrins et poursuivez votre vie.

Prenez vos distances avec certaines personnes

Connaissez-vous des gens avec qui c'est toujours un effort de parler ou qui vous « pompent » lorsque vous êtes en leur compagnie ? Gémissez-vous quand une de ces personnes veut vous parler au téléphone ? Je ne parle pas ici des bons amis avec qui vous avez une mauvaise passe ! Je parle plutôt des gens négatifs qui sont clairement indésirables, dont vous aimeriez être débarrassé sans avoir eu le courage de le faire.

J'ai découvert quelque chose de fascinant, à savoir que tout le monde a quelques-uns de ces « amis » dont il ne veut pas. L'autre jour, lors d'un dîner, nous avons parlé toute la soirée d'une « convive infernale », qui s'invitait elle-même année après année et s'imposait à ces gens. Pour une raison inexplicable, ils se sentaient incapables de lui dire à quel point elle n'était pas la bienvenue et ils toléraient donc chaque année sa présence, se plaignant ensuite à qui voulait les entendre.

Prenez une minute ou deux pour faire une petite liste des personnes que vous connaissez et que vous préféreriez ne plus voir.

Et voici la chose intéressante : si vous avez une petite liste, alors SUR QUELLE LISTE ÊTES-**VOUS** VOUS-MÊME ? Voilà de quoi réfléchir ! Ne serait-il pas mieux d'être honnête et d'arrêter tous ces jeux stupides ?

Il y a des milliards d'individus dans ce monde et libre à vous de choisir à qui vous voulez vous associer. Choisissez des personnes avec lesquelles vous êtes en harmonie, qui vous fortifient et vous inspirent. Ce qui est si merveilleux quand on a le courage d'évacuer toutes ses vieilles amitiés dont on ne veut plus, c'est que cela crée de l'espace pour de nouvelles relations merveilleuses et vivifiantes, à condition que vous ayez pris de nouvelles résolutions pour bien savoir qui vous vouliez et qui vous ne vouliez pas dans votre vie. Vous allez éventuellement faire en sorte que des gens fermés, des vampires suceurs d'énergie ou des gens très négatifs n'entrent plus dans votre vie car votre champ énergétique leur paraîtra trop incompatible avec le leur – ils sauront que leurs chances de pouvoir pomper de l'énergie gratuitement sont nulles et ils ne se donneront donc même pas la peine d'essayer.

Stoppez ou faites évoluer une relation amoureuse

Parfois il advient que votre désordre ne provient pas de simples connaissances mais de la personne que vous pensiez être la plus importante dans votre vie. Cela arrive parce que vos vies ont divergé, ont pris des routes différentes, ou n'étaient pas compatibles depuis le début. La vérité, c'est que chacun est devenu du désordre dans la vie de l'autre, même si parfois seul un des deux est capable de le voir.

Vous pouvez faire deux choses : soit ne rien faire et attendre que la relation s'effrite et explose toute seule, soit avoir le courage d'agir en réinventant la relation ou en se séparant. Si vous vous aimez toujours, vous respectez mutuellement et voulez faire du bien à l'autre, il y a de fortes chances que vous trouviez un moyen de continuer la relation, même si la forme est certaine de changer. Donnez à cette nouvelle relation toutes les chances de réussir et, s'il est temps de se séparer, alors vous le saurez au fond de votre cœur.

Dans beaucoup de cas, il est en effet temps de se séparer et vous rendrez un très mauvais service, à vous ainsi qu'à votre partenaire, en prolongeant l'agonie. Aussi affreux que cela puisse paraître, si c'est la chose à faire, vous allez ressentir de la peur mais aussi de l'excitation. C'est votre esprit qui sera impatient à l'idée de découvrir les nouvelles opportunités qui sont en train de se faire jour.

Pour vous aider dans cette transition, lisez les excellents livres de Susan Jeffer, *La vie à bras-le-corps* et *La vie est immense*. Et suivez votre intuition.

Abandonnez votre bouclier émotionnel

Si votre maison est pleine de désordre, vous avez peut-être aussi le besoin de porter de grandes quantités de bijoux ou de maquillage, probablement même au point que vous vous sentez à moitié nu si vous sortez sans. C'est une forme d'armure émotionnelle, exactement comme le désordre dans votre lieu de vie. Quand vous aurez dégagé votre maison, vous allez probablement vouloir aussi réduire le nombre de bijoux ou la quantité de maquillage que vous portez car vous vous sentirez alors plus en confiance et capable de laisser le véritable « vous » apparaître.

Chapitre 22

Évacuez le désordre spirituel

En fait, tout le livre ne parle que du désordre spirituel. Il s'agit d'évacuer tout ce désordre qui obscurcit notre vision, nous rend confus, nous conduit sur une fausse route et pose des obstacles sur notre chemin. Chacun de nous a un but dans la vie et je crois que nous nous incarnons en étant conscients de ce but et en ayant l'intention de l'atteindre. Une fois que nous nous sommes incarnés, il devient de plus en plus difficile de maintenir ce niveau de conscience et, lentement, ce savoir s'éloigne de nous. Évacuer le désordre sous toutes ses formes permet à notre but premier de refaire surface et de briller. En même temps viennent une clarté immense et une profonde sensation de savoir quoi faire.

Le but supérieur, lorsque l'on évacue son désordre, est donc de dégager les décombres qui nous empêchent de nous connecter à notre Moi supérieur et à Dieu si vous désirez croire en Lui.

Cette époque particulière

Nous avons la chance de vivre dans une époque que la majorité des maîtres spirituels pensent être la plus importante de l'évolution humaine, dans toute l'histoire de cette planète. Autrefois, tout le savoir profond du monde n'était connu que par quelques « élus ». Réalisez-vous que, de nos jours, vous pouvez suivre un stage d'un week-end et y apprendre les bases d'une connaissance qui, dans les siècles précédents, vous aurait demandé des années d'études acharnées avec un maître ?

S'accrocher aux choses du passé peut donc être totalement contre-productif. Quand vous pensez combien de fois vous vous êtes réincarné sur terre pour être ici aujourd'hui, il est certain que votre esprit immortel a ardemment désiré être présent dans notre temps, paré et capable d'avancer avec cette époque particulière.

Recentrez votre énergie

Il y a à Bali une cérémonie nommée « l'appel ». On sait que lorsqu'une personne traverse la vie, une partie d'elle-même peut malheureusement se fracturer et se détacher. Si cela arrive trop ou, dans le cas d'un événement soudain et traumatisant, trop vite, cela peut affaiblir l'esprit de la personne, jusqu'à menacer sa vie. Par exemple, après une blessure dans un accident, une partie essentielle de la guérison consiste à retourner sur les lieux avec un prêtre, à purifier l'endroit lors d'une cérémonie et à rappeler la partie de l'esprit laissée à l'endroit de l'accident. Si la victime est trop malade pour y aller, quelqu'un de sa famille ou un ami peuvent le faire à sa place.

Lorsque vous évacuez le désordre de votre maison, c'est comme si vous vous prêtiez à cette cérémonie de l'appel. Bien sûr, cette cérémonie est spécifique à Bali et la religion hindouiste, mais le parallèle est intéressant néanmoins. Quand vous abandonnez des affaires que vous n'aimez plus ou n'utilisez plus, vous rappelez les parties de votre esprit qui y étaient attachées mais aussi celles attachées aux besoins émotionnels associés et les souvenirs. Ainsi, vous vous replacez de manière ferme dans le présent. Votre énergie, au lieu d'être dispersée en un millier de directions diverses et non productives, devient beaucoup plus concentrée et convergente. Vous vous sentez spirituellement plus entier et plus en paix avec vous-même. Tout cela, simplement parce que vous avez évacué votre désordre. Étonnant, non ?

Laissez faire le destin : ayez confiance

Pour conclure ce livre j'aimerais partager avec vous une merveilleuse révélation que j'ai appliquée dans ma propre vie avec beaucoup de succès :

> « Tous mes besoins sont pris en charge
> Lorsque je suis mon Chemin Supérieur. »

Si vous faites complètement confiance à ce principe, il sera efficient. Enracinez cette affirmation dans chacune des cellules de votre corps et vous n'aurez plus jamais besoin de désordre.

Annexes

Pour contacter l'auteur

Les histoires motivantes de lecteurs sont une bonne source d'inspiration. Karen Kingston a consacré toute une section de son site aux meilleures lettres. Il vous suffit de vous rendre sur le site www.spaceclearing.com (en anglais) et de cliquer sur *Readers' Letters*.

Et si vous souhaitez partager votre propre histoire, envoyez-la par email à l'adresse clutter@spaceclearing.com, en précisant que vous autorisez Karen à la publier, et en indiquant de quel pays vous venez.

Trouver un praticien

Sur le site www.spaceclearing.com vous trouverez une liste de praticiens partout dans le monde, formés par Karen Kingston. Pour cela, cliquez sur l'onglet « Consultations », puis « Consultation Info » et allez à la page « Directory of Space Clearing & Clutter Clearing practitioners around the world ». Si aucun praticien n'est indiqué pour votre pays, envoyez-nous un email à l'adresse info@spaceclearing.com pour nous demander si un praticien étranger se rend parfois dans votre pays.

Sur ce même site, découvrez également des produits en vente par l'auteur.

Formation professionnelle

Pour suivre une formation professionnelle et devenir vous-même praticien, retrouvez toutes les informations sur le site www.spaceclearing.com.

Herboriste conseillé par l'auteur (au Royaume-Uni)

Fournisseur recommandé par le Dr Christopher pour les produits spécial côlon avec possibilité de livraison partout dans le monde.

Specialist Herbal Supplies
Portslade Hall, 18 Station Road, Portslade, Brighton
BN41 1GB, England – Angleterre
Site web : www.shs100.com
Email : sales@shs100.com

Table des matières

Achevé d'imprimer en Espagne
par BlackPrint CPI Ibérica S.L.
Sant Andreu de la Barca (08740)
Dépôt légal : août 2016